「戦国武将」がよくわかる本

株式会社レッカ社 編著

PHP文庫

○本表紙図柄＝ロゼッタ・ストーン（大英博物館蔵）
○本表紙デザイン＋紋章＝上田晃郷

はじめに

かくも苛烈に生きた「戦国武将」たち

一四六七年の応仁の乱を境に、室町幕府がその権威を失うと、下克上《げこくじょう》をかかげた地方の有力者たちの戦いが全国各地で勃発。世は、戦国時代へと突入します。

そこでは、英雄たちが数多く現れ、天下人の夢を求めて群雄割拠の戦いが繰りひろげられました。

また配下の武将たちも、決意を胸に戦いに参加します。ある者は主君への忠義を尽くすため、腕に覚えのある者は腕試しに、知略に優れた者は策を練りました。

そして、幾多の野望がうずまく合戦は熾烈《しれつ》を極め、時代を動かしながら、それぞれの物語を刻んでいきます——。

戦国時代は、まさに日本が〝もっとも熱かった時代〟といえるでしょう。

だからこそ戦国武将の鮮烈な生き様や群像は、時代を超えて人々を魅了してやみません。

本書をナビゲートに、戦乱の世を駆け抜けた〝熱き漢《おとこ》たち〟に思いを馳せていただけたら幸いです。

株式会社レッカ社　斉藤秀夫

「戦国武将」がよくわかる本　目次

CONTENTS

■第三章
誠を貫いた義将たち

CONTENTS

CONTENTS

CONTENTS

第一章

既成概念を打ち破った婆娑羅武将たち

強烈な生き様を刻印した戦国のカリスマ

●婆娑羅とは何か？

「婆娑羅《ばさら》」。それは、鎌倉幕府滅亡後に流行した言葉で、きらびやかな衣装を纏《まと》い、身分の枠を超えて好き勝手に振る舞う者たちをさしていた。

彼らのあまりにも奔放な考え方は危険視され、足利尊氏により婆娑羅禁止令まで出されたという。

さしずめ戦国時代における婆娑羅とは、頻繁に戦さが勃発する不安定な世のなかで、下克上を達成したり、己が思うままに人生をまっとうするなど、その生き様に憧れや畏怖を抱かせる人物のことをさすのではないだろうか。

●混沌とした時代にひときわ輝きを放つ「婆娑羅武将」

戦国時代で強烈な生き様を残した武将の代表といえば、やはり織田信長であろう。ほぼ十倍の兵力をはねのけて勝利した「桶狭間の戦い」の大逆転劇や、天下布武《てんかふぶ》を掲げて全国制覇に乗り出す姿はあまりにも痛快だ。また「人間五十年」で有名で、信長自身がよく嗜《たしな》んだ曲舞《くせまい》「敦盛」とほぼ同じ四十九年で大往生したというのも面白い。

もちろん、信長に勝るとも劣らない破天荒な武将も数多くいる。斎藤道三や北条早雲、毛利元就などは、まだ混沌とした戦国初期に下克上を達成し、わずか一代で巨大勢力を築きあげた。

天下御免のかぶき者として高名な前田慶次や、裏切りの人生を歩んだ松永久秀は、常識という枠では捉えることのできない、凄まじい人生をまっとうしたといえるだろう。時代の最先端を突き進み、人々を牽引した「婆娑羅武将」たちの活躍を堪能していただきたい。

時代を超越した中世最大の天才

織田信長

一五三四〜一五八二年

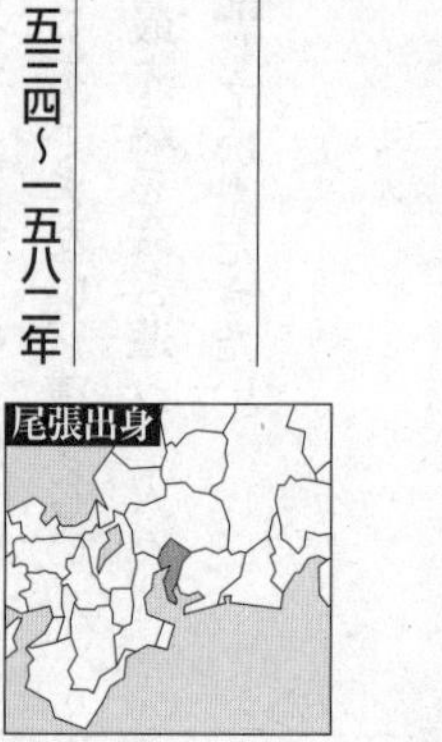

■少年時代から見せた恐るべき才覚

戦国時代の武将と聞いて、誰もが真っ先に思い浮かべる武将が織田信長《おだのぶなが》であることは間違いない。一五三四年、この世に生を享けた信長は、まさに時代の寵児というべき目覚ましき活躍を見せ、瞬く間に天下にその名を轟かせることとなる。「桶狭間の戦い」の奇襲作戦や、「長篠の戦い」での鉄砲三段重ねを駆使した武田騎馬軍撃破などは、教科書に載っているほど有名な出来事であり、もはや説明するまでもないであろう。一五八二年に明智光秀の謀反により「本能寺の変」で倒れるまでの四十九年に及ぶ怒濤の生涯は、日本の歴史の中で燦然と輝いている。

そんな信長も少年時代にはうつけ者と呼ばれ、周囲の大人たちからは煙たがられていた。奇抜なファッションに身を包み、歳の近い者たちと身分の枠を越えたつき合いをしていたのである。織田家に長らく仕えてきた重鎮たちは、織田家もこれで終わりか……と悲嘆に暮れていたが、もしかしたらそれすらポーズだったという説

もある。

というのも、当時、織田氏が治める尾張（現在の愛知県西部）は斎藤、今川、武田といった名だたる強豪たちに囲まれていたからである。ほんのささいなことで、織田氏のような小大名は、消えてしまうことも大いにあり得た。信長はあえて織田家の跡取りはうつけ者と見せることで、放っておいてもいつか滅ぶであろうと油断させていたのではないだろうか。事実、信長のことを侮ったまま上洛を目論んだ今川義元は、大軍を率いながら桶狭間の戦いにて信長に討たれたのである。

また、信長の遊び相手のなかには、のちに織田家の重鎮となって活躍を見せる池田恒興や前田利家の姿もあった。天下人の座を射止めた徳川家康とも少年時代から交流があり、堅い盟約を結ぶことで、勢力拡大に向けた盤石の体制を整えることができたのである。信頼できる側近や同志の選定を、少年時代から行っていたとすると、あまりにも用意周到で末恐ろしい。

しかも家督を継ぐや、キッチリと身なりを整え、威風堂々たる佇《たたず》まいで見事な当主ぶりを見せつけた。このギャップは諸侯に強烈な印象を植えつけることに成功し、加えてその雄々しき姿を仰ぎ見ることで、柴田勝家や佐久間信盛ら旧家臣たちも自然と忠誠を誓おうという気にさせる効果があった。

■新機軸を打ち出し、時代を牽引

信長のイメージ戦略的な部分は、彼の人生のなかで随所に見ることができる。一五六七年の美濃（現在の岐阜県南部）制覇をきっかけにスローガンに掲げた「天下布武」。いくら戦国時代とはいえ、たかだか小国の一大名が武でもって天下を征することを宣言するなど、正気の沙汰とは思えない。しかし、目的が明確になったことで配下たちも結束し、織田家はさらなる躍進を果たすことに成功した。また、南蛮との交流を推進し、誰もが初めて触れる新たな文化を数多く日本に持ち込んだのも信長だった。最新武器の鉄砲や強固な南蛮胴を大量生産し、軍備を増強。そのために異教であるキリスト教の布教も許し、城下には神学校まで建築させたのである。

このように古きを捨て、新しきを創るといった柔軟な考えはすべてがセンセーショナルだったに違いない。未来を夢見る若者たちならばなおさらで、信長の近くにいればいるほどその思いは強くなっていったのではないだろうか。後世に名を残した戦国武将は尾張出身の人物が多い。やはり信長に惹かれ、我も続けと発奮した結果が歴史に現れているといえるだろう。

やはり信長という人物は、人の上に立つ人間としては一流だ。現代においても世代を超えて人々を引きつけているが、そのカリスマ力も納得できる。まさに戦国＝織田信長。「時代を超越した天才」といえるだろう。

伊達政宗

独眼竜の異名を取った奥州の覇王

一五六七〜一六三六年

■逆境をはねのけ、奥州一の大名の座を勝ち獲る

伊達《だて》政宗《まさむね》は、奥州（現在の東北地方）では名門といわれた米沢の戦国大名、伊達輝宗の長男として生まれた。幼いころの病気が元で右目を失うが、伊達家の跡継ぎとして厳しく育てられ、雄々しく成長する。そして一五八一年、織田信長が「本能寺の変」で倒れるわずか一年前、十五歳の政宗は父・輝宗に連れられる形で初陣の時を迎えた。そこでめざましい活躍を見せた政宗は、その三年後に弱冠十八歳の若さで伊達家の家督を譲り受ける。そして手はじめに奥州平定を目指したのだった。

しかしその翌年、父・輝宗が畠山義継に拉致されてしまう。政宗はすぐに奪還のため出陣するが、人質となった輝宗を盾にされたため、まったく手を出せない。だが、戦いという修羅の道を選択した政宗は、その覚悟を見せつけるべく自ら陣頭に立って鉄砲を放ち、父親もろとも畠山義継を射殺したのだった。

父を失った政宗だったが、立ち止まることなく隣国と連戦を重ねる。この勢いを

第一章◆◆既成概念を打ち破った婆娑羅武将たち
伊達政宗

止めようとしたのが、信長の後継者となり天下統一への仕上げに取りかかっていた豊臣秀吉だった。伊達氏を危険と見た秀吉は、大名同士の私的な争いの禁止令を出す。しかし血気盛んな政宗はこれを無視し、佐竹氏、盧名氏などの有力大名を次々と撃破。わずか五年足らずで奥州の大半をその手中に収めるのだった。

だが、天は再び政宗に試練を与えた。父親の射殺事件がきっかけとなり、母・義姫との仲が悪化。義姫は次男の小次郎を伊達家の当主に据えようとする。これが露見するや、政宗は小次郎をその手に掛けてしまう。悲しみに暮れた義姫は実家へ里帰りし、結果的に一家は離散。政宗は連日の戦いで伊達家を大きくさせたが、身近な家族を失ってしまうのだった。

■襲いかかる危機を見事な機転で乗り切る

二十代半ばにして奥州に大国を築きあげた政宗。ほかの大名にはない若さを武器に、政宗が次に見据えたのは「天下統一」への道であった。敵は天下を目前とする秀吉。この強大な敵に対し、政宗は関東の北条、そして徳川との三国同盟を結ぶことで盤石の体制を整える。その後、秀吉が北条領へと侵攻。秀吉は全国の諸侯に呼びかける形で二十万以上の兵を集め、北条の居城・小田原城を包囲。そのなかには、なんと同盟を結んでいた徳川軍の姿もあった。これにはさすがの政宗も焦り、北条との同盟を一方的に破棄。大幅に遅れて小田原へと参陣するのだった。

当然、この遅刻に秀吉は激怒。伊達氏に反逆の意志あり！ と疑われることとなる。そして政宗は、釈明のために秀吉に謁見する際、死を覚悟した白装束を身に纏《まと》って参上。その姿を見た秀吉は、笑って政宗を許すのだった。また、クーデターを画策した豊臣秀次との関係を疑われた際には、磔《はりつけ》覚悟といわんばかりに黄金の十字架を背負って秀吉の元を訪れ、この危機を回避。一変すると滑稽とも思われかねないパフォーマンスだが、これを実行できる度量の大きさ、そして派手好きの秀吉ならば許すのではないだろうか、という目論見もあったのだろう。政宗はただ戦上手なだけでなく、伊達家の当主として大局を見る目ももっていたのである。

家康の時代へと移ると、戦の規模はさらに縮小する。政宗もこれで大人しくなるかと思いきや、鎖国により禁じられたはずの外国との交流を独自に開拓しようとするなど、その野心はまったく衰えず、ますます燃え盛っていく。家康はいずれ死ぬ、その後が自分にとって勝負の時だと考えていたのだろうか。だが、家康は予想以上に長生きし、戦国の世は完全に終わってしまう。そして時は静かに流れていき一六三六年、政宗は戦国武将にしては長寿といえる七十歳でその生涯を終えた。

政宗はのちの世で、その容姿から「独眼竜」と称されたが、竜とは伏して眠り力を蓄え、ひとたび荒吹きすさべば天にも昇る強さを発揮するといわれている。その内に秘めた野望をけっして潰《つい》えさせることなく着々と準備し、来るべき時を待ち続けた政宗の異名として、これほど相応しいものはないのではなかろうか。

前田慶次

豊臣秀吉が認めた「天下御免のかぶき者」

生没年不詳

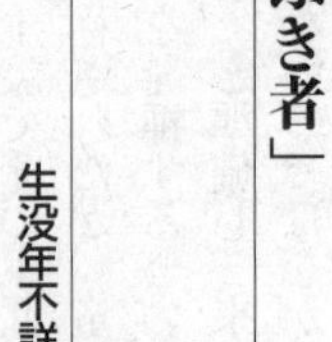

■天下人に対し、顔を横に向けて拝礼する

前田慶次《まえだけいじ》については詳しい史料が乏しく、出自については諸説があり、はっきりとしていない。しかし、織田信長の家臣だった滝川氏の縁者であり、前田利久のもとへ養子に入ったのは確かで、現在では滝川一益の甥であったというのが有力な説のようだ。前田家へ養子に入った慶次には、「いずれは前田家の当主に」という話もあったはずである。しかし、織田信長の介入で前田家の当主は、前田利家と決定し、慶次が当主となる夢はフイになってしまったのである。慶次の心中には、複雑な思いがあったに違いない。慶次が「かぶき者」として有名になった背景には、前田家を継げなかったということもあったと考えられる。

このあとの慶次の動向ははっきりしないが、尾張（現在の愛知県西部）にしばらく留まっていたようで、信長が武田氏を攻めている最中に、なんと堺の妙蓮寺で開かれた連歌《れんが》の会に「似生」の号で参加している。主家の戦いより連歌とは、風雅な

第一章 既成概念を打ち破った婆娑羅武将たち
前田慶次

人として知られる慶次らしい話だ。

信長が「本能寺の変」で落命すると、慶次は信長の後継者争いで柴田勝家についた滝川氏とともに行動していたようだが、戦いが収まると慶次も前田家へ戻り、佐々成政との戦いに従軍。一時は阿尾城主にもなるが、記録には慶次の名前はほとんど出ておらず、前田家の体制からはすでに外れかかっていたようだ。

一五八七年、慶次の養父・利久が亡くなると、慶次のなかでは前田家との繋がりがより薄くなっていったようで、次第に雅の世界にのめりこんでいくようになる。このころ、慶次は里村紹巴《じょうは》のような連歌師や、武家における古典の第一人者だった細川藤孝などと交流をし、連歌会を開いて風流三昧な日々を送っていた。

その後、前田家の一門として豊臣秀吉の「小田原征伐」に従軍した慶次は、のちの「奥州仕置き」にも利家に随行していたが、奥州の巡検から戻ると前田家を出奔してしまう。これには利家も大いに怒って慶次を捜させたとあるが、そんな慶次を救ったのが秀吉だったようだ。

秀吉に召しだされた慶次は、虎の皮の上衣を羽織り、髷《まげ》を片方に寄せて結った姿で参上すると、顔を横に向けて秀吉に拝礼した。髷は確かに直立しているが、顔は横に向いているというこの奇妙なようすに秀吉は喜び、慶次に馬一頭を与えることにした。すると、慶次は一旦退出して身支度を改めて参上し、作法にかなった所作で馬の礼を述べた。これに感服した秀吉は、その場で慶次にどんな場所でも思うがままにかぶくことを許可。慶次が「天下御免のかぶき者」となったことで、前田家もうかつには手を出せなくなったようだ。

■上杉氏に仕官したのち静かな余生を送る

出奔した慶次は、京に留まって以前から交流のあった文化人から連歌を学び、また『源氏物語』や茶の湯に親しんだといわれる。誰に何を習ったのか、すべてが明確なわけではないが、慶次が残した『前田慶次道中日記』からも、歌や古典文学などに対する精通ぶりがうかがえることから、相当な文化人だったのは間違いない。

このののち、いつなのかは明確ではないが、慶次は上杉景勝に仕官している。一説では、文学を通じて直江兼続《かねつぐ》と懇意だったともいわれるが、定かではない。

上杉氏のもとでは、一六〇〇年の「関ヶ原の戦い」に関連して起こった「長谷堂城の戦い」に参加。慶次はすでに六十歳を越えていたが、特に退却戦では存分に槍を振るって活躍したようである。

上杉氏が幕府軍に降伏すると、慶次は景勝に同道して上洛。こののち、米沢へ戻る道中を記した『前田慶次道中日記』を残している。米沢へ戻った慶次は、堂森付近に「無苦庵」という庵を建てて晩年を過ごした。

慶次の没年や故地については、やはり諸説があってはっきりしない。戦国の世を自由気ままに生きた風雲児は、死したのちは歴史家の頭を悩ませている。

信長さえも一目置いた稀代の大悪党

松永久秀

一五一〇〜一五七七年

■ただの破壊者か、それとも破天荒な傑物か

稀代の大悪党として名高い松永久秀《まつながひさひで》は、主家乗っ取り、将軍暗殺、東大寺の大仏殿焼き討ちという三つの大罪を犯し「戦国の梟雄《きょうゆう》」と称された。下克上が当たり前の世の中とはいえ、このなりふり構わぬ所業は決して褒められるものではない。しかし、その一方で医学の推進に力を入れたり、日本で初めて天守閣を建築するなど、教養人としての一面も見せている。また、茶道を嗜《たしな》むという風流な趣味ももち、誰もが羨む高名な茶器を数多く所持していたともいう。

教養はあるが残忍で狡猾という二面性をもったこの危険な男は、ただ混乱を好む破壊者だったのか、それとも破天荒な傑物か……？

久秀が目指したのは畿内（天子の住む都周辺。当時は京都）の支配であった。久秀はまず畿内の実力者である三好家の乗っ取りを画策。主君の三好長慶が死ぬと、三好三人衆と共謀して幼い三好義継を跡継ぎに据え、傀儡《かいらい》としたのである。次に名ば

第一章◆既成概念を打ち破った婆娑羅武将たち
松永久秀

かりの室町幕府も目障りとばかりに、時の室町幕府将軍・足利義輝を襲撃。これを見事に討ち果たし、畿内を完全掌握した。

こうして己が野望を成就させた久秀であったが、支配権をめぐって三好三人衆と対立。この諍《いさか》いの最中、三好三人衆が立て籠もった東大寺を襲い、大仏殿を焼き払うという暴挙に出た。混乱に拍車の掛かる畿内であったが一五六八年、この騒ぎを静めるべく、あの男が上洛を果たすのである。

■信長に二度も反逆しながら許された唯一の男

上洛してきたのは、破竹の勢いで領土を広げる織田信長であった。三好三人衆との戦いで疲弊していた久秀はすぐに降伏を決断し、名器と名高い茶器・九十九髪《つくもかみ》を信長に差し出す。信長も久秀には一目置いており、この降伏を受け入れると、大和(現在の奈良県)の支配権を与えたのだった。

信長配下となった久秀は、浅井氏の裏切りにより撤退を余儀なくされた「金ヶ崎での戦い」で活躍。しかし、従順なのもここまでである。梟《ふくろう》はすぐに本性を現した。

義輝亡きあとの将軍・足利義昭が全国の大名に号令を掛けて信長包囲網を敷くと、久秀もこれに賛同して信長を裏切ってしまう。しかし、武田信玄の病死により信長包囲網は瓦解。室町幕府も呆気なく倒れると、久秀も打倒信長を断念し、このときは、己の居城である多聞山城を差し出すことを条件に再び信長に降伏する。

久秀が次に信長に反逆の狼煙《のろし》をあげたのは、それから四年後のことである。信長が本願寺顕如との戦いで苦戦するや、久秀は突如織田軍を離反し信貫山城に籠城。対する信長は嫡男の織田信忠を出陣させ、大軍で城を取り囲んだ。

二度目の反逆である。誰もが総攻撃に出ると思っていたが、なんと信長は名器・平蜘蛛の釜と引き替えに降伏勧告をもちかけた。ここまで甘い信長の裁定は、この時以外に例がない。それほどまでに信長は久秀のことを買っていたのである。

しかし、久秀はこの申し出を断ると、天守閣に名だたる茶器の数々とありったけの火薬を集め、城もろとも壮絶な爆死を遂げたのであった。

それにしても信長はよくこの危険な男を幾度となく受け入れたものである。破天荒な生き様を見せる久秀に対し、親近感を感じたのであろうか。

信長は久秀を徳川家康に会わせた際、先に述べた三つの大罪を述べ、ひとつでも歴史に名が残るのに、それを三つも実行したとんでもない男として紹介したという。貶《けな》しているようにも聞こえるが、信長としては最大級の褒め言葉であり、やはり久秀がただ者ではないことがよくわかるというものだ。

久秀が畿内の支配を目指したのは、なんと齢五十を過ぎてからのことであった。信長より、二十歳以上も年上なのである。信長は早くにして父親を亡くしているが、もしかしたら信長は親子ほどに年の離れている久秀のことを、父親として見ていたのかもしれない。

関東に覇を唱えた下克上の先駆者

北条早雲

一四三二〜一五一九年

■五十六歳から国盗りを志す

いち早く下克上を成功させ、関東の名家・北条家の礎を築いた北条早雲《ほうじょうそううん》。まさに戦国武将の先駆けともいえる人物であるが、彼が国盗りを志したのは、なんと初老に差し掛かった齢五十六の時であった。

それまでの早雲は、駿河（現在の静岡県中部）で伊勢新九郎盛時と名乗っており、妹が駿河守護・今川義忠に嫁いだのをきっかけに今川家に仕官。しかし、それほど高い地位についたわけでもなく、ただ漫然と日々を送っているだけであった。

しかし義忠が死去し、今川家の家督を巡る争いがはじまったとき、早雲に転機が訪れる。ここで早雲は調停役を務め、手際よく事態を収拾させみなの信頼を得たのだ。その手腕を認められた早雲は、今川家の重臣として席を置くこととなった。

さらに時は流れ、早雲は普通に考えると隠居を考えてもよい年齢を迎えるたが、彼はこれよりさらに激動の人生を歩むことになる。

■堀越公方の領地を奪う

一四九一年、伊豆（現在の静岡県南部）は混乱に陥っていた。この地を治めていた堀越公方の足利政知が死去すると、跡目争いが勃発。これを耳にした早雲は、初めて国盗りを考えるようになる。湯治と称して自ら伊豆へと潜入し、国内の情勢を慎重に調査する。そして、伊豆の兵士の多くが隣国に出兵したことを知るや、その隙を突いて堀越御所を襲撃し、伊豆国を奪い取ったのである。

ここで早雲は、伊豆の国人に対して従う者の安全は確保するが、背けば屋敷を焼き払うと宣言し、これを力で支配する。一方で、領民たちに対しては年貢の軽減をいい渡したため、圧政に苦しんでいた民は喜んで新しい当主を迎え入れた。通常、侵略者がすぐにその土地に受け入れられることはないが、早雲はアメとムチを巧妙に使い分けることで、瞬く間に伊豆を平定したのである。

いくら室町幕府の権威が失墜していたとはいえ、足利将軍家出身の者が支配する土地を、幕府の許しなく統治した早雲の行動はまさに下克上そのもの。このころから早雲は、今川家の家臣という立場から少しずつ離れて、国盗りの戦国大名として独自路線を歩むようになっていく。

■手練手管を用いて領土拡大を図る

伊豆奪取に成功した早雲が、次に目をつけたのが相模（現在の神奈川県）だった。折しも相模の有力な武将が次々と死亡し、絶好のチャンスが訪れていたのである。早雲は西相模の要所である小田原城奪取に乗り出すが、すぐに城を攻めることはせず、まずは小田原城主・大森藤頼に贈り物や手紙を出し親交を深めていく。そして藤頼が十分に気を許したところで、いよいよ親しい隣人の仮面を脱ぐ。小田原城領内での鹿狩りの約束を取りつけると、鹿狩りの格好に扮装した早雲の配下たちが無防備の小田原城を急襲。藤頼が騙されたと知ったときにはもう遅く、小田原城はあっさりと陥落したのである。

そして一五一六年、鎌倉時代からの名族である三浦氏も滅亡させ、わずか一代にして相模全域を手中に収めた。早雲、このとき八十六歳。さすがに嫡男の北条氏綱に家督を譲るが、八十八歳という長い人生を終えるまでその野望が衰えることはなく、氏綱の背後から指示を出し続け、精力的に領土拡大を図っていた。

早雲の活躍以降、我も続けとばかりに戦乱は日本全土に拡大。己の野望のために奇襲や騙し討ちも厭わない冷酷な戦いが蔓延していく。しかし、早雲はその一方で検地を行ったり家法を制定したりと、領民が暮らしやすい国づくりも実現していた。

早雲は戦いの面においても政治の面においてもパイオニアといえる武将であったが、このような二面性をあわせ持つ人物はそう多くはない。だからこそ、戦国の世は続いたのではないだろうか。

斎藤道三

謀略で国を獲り、謀略によって散った美濃の蝮

一四九四～一五五六年

■油売りから大名への華麗なる転身

行商の油売りの身から、一国一城の主にまで成りあがった斎藤道三《さいとうどうさん》。「美濃（現在の岐阜県南部）の蝮《まむし》」と呼ばれ、非道な裏切りと謀略の連続で大名の地位を勝ち取りながら、最期は自分の息子に同じように裏切られて散るという、下克上を象徴するかのような人生であった。

道三は十一歳のころ、京都の寺で修行僧として生活をしていた。その後、寺を出た道三は油問屋の娘と結婚して油売りの商人となるが、この商売が驚くほどうまくいった。一文銭の穴を通して油壷に入れるという奇抜なパフォーマンスが話題となり、たちまち人気の行商人となったのである。何事も器用にこなし、頭も切れたという道三は、商売人としても一流。もし彼が国盗りの野望を抱かずに商売を続けていたなら、歴史に名を残す豪商になっていたかもしれない。

しかし、動乱の世は道三に野心を抱かせた。修行僧時代の知人の紹介で、美濃の

斎藤道三

有力者である長井家への仕官に成功。ここで道三はもち前の才覚で信頼を勝ち得ていき、美濃守護の弟である土岐頼芸《ときよりなり》の側室を妻にもらうまでの立場になった。さらに頼芸に助言し、頼芸の兄を倒して守護の座にまで押しあげると、家中における道三の立場はますます強くなる。頼芸にしてみれば、この切れ者が仕えているかぎり、美濃を思うがまま治められると思ったことだろう。

ところが道三は、頼芸の一家臣で終わることなど微塵も考えず、すでに国盗りの青写真を描いていた。かつて道三が仕官した主、長井長弘も頼芸に信頼されていた有力家臣だったが、道三はこれを殺害。長井家の姓を名乗るようになると同時に、土岐家随一の家臣としての立場を固めた。さらに美濃守護代の斎藤家の跡目引継ぎに割り込み、今度は斎藤家を乗っ取る。斎藤姓を得た道三は、居城の稲葉山城を改築し、いよいよ美濃の大名である土岐家乗っ取りに動き出すのである。

頼芸は自分の弟が毒殺されたことで、ようやく道三が危険な男だと気づき、抗争がはじまる。しかし道三は巧みな戦略で頼芸派を追いやり、一五四二年、ついに美濃を手中にした。近隣の武将が、仕えた主人を次々と倒して成りあがる道三を「美濃の蝮」と呼ぶようになったのもこのころであった。

■策士、策に溺れる

事実上の美濃国主となった道三だが、頼芸は尾張（現在の愛知県西部）の織田家を頼ってたびたび美濃奪還を図っていた。この状況を打開するにあたり、道三は娘の帰蝶を織田家に嫁がせて和睦を進める。斎藤家と織田家の和睦は成立し、頼芸だけでなくほかの反逆分子も駆逐した道三は、美濃完全平定を成し遂げる。

その後、道三は髪を剃って隠居。ここで初めて斎藤道三と名乗るようになり、一五五四年には家督を嫡男の斎藤義龍に譲っている。もっとも、実権は道三が握ったままで、この家督交代劇は道三の強引な手法に不満をもちはじめた家中を鎮めるために講じた策。決して義龍を高く評価して家督を譲ったわけではなかったのである。

事実、道三は義龍よりもその弟たちを偏愛し、一度は譲った家督を廃し、弟に与えようと考えていた。これで不安に駆られたのが義龍である。

なにしろ父・道三は、自分の考えを推し進めるためなら手段を選ばない人間。主君を裏切り、追放してきたこともあるだけに、疎まれた自分が何をされるかわからない。殺されるまえに、いっそ自分が父を倒す……。義龍はこう考え、弟たちを殺害して決起する。

義龍謀反の知らせを受けた道三だったが、頼芸追放の経緯から家臣の信頼が薄く、十分な兵力を集められないでいた。対する義龍には、旧土岐家家臣団を中心に一万七千の大軍がつき、道三軍を圧倒する。そして一五五六年、娘婿の信長が援軍を送るも間に合わず、道三は子に敗れて戦死した。享年六十三。美濃平定から、わずか四年後のことであった。

尼子経久

恐るべき執念で再起を果たした出雲の鬼

一四五八～一五四一年

■若き日の挫折から鬼神の如き再起へ

尼《あま》子《ご》経《つね》久《ひさ》は出雲（現在の島根県東部）守護代の子として生まれた。先代から守護・京極家をよく助け、数々の武勲をあげている名家の嫡男である。経久自身も若いころから父の片腕として戦地に赴き、勇猛果敢な武将と称えられる一方、京での優雅な文化にも触れ、文武両道の人物であった。

しかし、二十歳のとき尼子家の家督を継ぐと、経久は守護・京極家との関係を一変させる。京極家からの命令を無視して、納税や使役の一切を拒否したのである。意気盛んな経久にしてみれば、理不尽な通例を不服としてのことだったが、幕府の命令に背いた結果となり、幕府や京極家、さらには国人からも反感を買って居城・月山富田城を追放されてしまう。家督を継いでわずか数年、自信は打ち砕かれ、痛すぎる挫折を味わったのである。

城を追われた経久は野に隠れていたが、思いは月山富田城奪還ひとつ。放浪生活

のなかで同志を募り、わずかだが兵力を蓄えることができた。そして追放から二年後の一四八六年、元旦の祭に紛れて奪還戦を決行。祭の隙を突く奇襲で城を奪うと、討ち取った七百もの首を河原にさらした。このなかには女や子供も含まれ、かつて文武両道の名将と称えられた経久は、一転して残忍なる鬼と呼ばれるようになる。その後も経久は奇襲と騙し討ちを重ねて国内を統一し、ついに京極家を排除。一五〇八年には出雲守護職を任命され、下克上をもって再起を果たした。

■毛利元就の裏切りによって窮地に追い込まれる

出雲守護としての地位を得た経久の勢いは止まらず、中国地方に大勢力をもつ大内氏との抗争をはじめる。経久は単純な力勝負を挑むのではなく、近隣の有力者を味方にしたり、大内氏領内の反乱者を助けたりと、したたかに侵攻していった。

特に尼子氏傘下にあった毛利元就は、安芸（現在の広島県西部）攻略の際に策略を使って落城に貢献し、大内氏の大軍と激突したときにも目ざましい活躍を見せた。こうして経久は大内氏と激闘を重ねながら領土を広げていき、ついには中国地方十一カ国の太守と呼ばれるようになったのである。

しかし、信頼できる味方であった元就が大内氏につくと情勢はにわかに変化し、尼子大国に陰りが見られるようになる。元就は安芸の国人にすぎなかったが、その実力は経久のもとでも実証済みであり、中国地方の覇権を争ううえでキーパーソンとなっていた。さらに一五三二年、またも経久に悪い知らせが入る。経久の三男、塩冶興久《えんやおきひさ》が謀反を起こしたのである。敵に対しては無慈悲にして残忍、味方にした武将も忠誠心がないと見るやすぐに切り捨てる方法で勢力を拡げてきたが、家臣からは寛大な当主と慕われており、尼子軍の強さはその団結力にあると経久も自負していた。それだけに身内からの反乱というこの事件は経久に大きなショックを与え、八十歳になった一五三七年には家督を孫の尼子晴久に譲ることになる。

このころも大内氏との勢力争いは続いていたが、経久は高齢からくる病に苦しんでいた。軍議に参加することもままならず、病床で戦況報告を受ける日々が続く。そして一五四一年、挫折と再起を味わった月山富田城で、八十四年の長い生涯に幕を閉じた。慎重に攻めるべきとの経久の言葉を無視して、強気の進軍を決行した晴久が、小勢の元就軍に完敗した報告を受けて間もなくのことである。

一代で尼子家を中国地方の大勢力に押しあげた経久は、戦国時代の到来とともに現れた下克上の申し子であった。しかし、強引ともいえる快進撃のなかで子供たちは戦いに散り、優秀であっても若すぎる晴久に家督を譲るほかなかったことは、経久にとって誤算だったかもしれない。

血気盛んに飛び出した晴久を見て、病床の経久は自らの若き日を思ったか、あるいは尼子家の未来を憂いたか……。かくして中国地方は、毛利氏の勢力下に染まっていくことになる。

毛利元就

詭計謀略を駆使し、中国全土を手中に収めた名将

一四九七〜一五七一年

■初陣で抜群の戦いのセンスを見せる

中国の雄として知られる毛利《もうり》元就《もとなり》は、安芸（現在の広島県西部）の国人領主だった毛利家の次男として生まれた。当時の安芸は、三十にものぼる国人たちが割拠しており、また西には六国を統括する大内氏、東には八国の守護職にあって「中国一の太守」と呼ばれた尼子氏がおり、状況に応じて右往左往していたのである。

元就が十九歳のとき、家督を継いでいた兄が亡くなり、わずか二歳だった兄の嫡男が当主となった。あまりに若すぎる当主の誕生に毛利家の家中は揺れ、その隙をついて安芸・武田氏が吉川氏の城へ侵攻を開始した。

元就は、毛利家当主代理として吉川氏救援のために出撃すると、劣勢ながらもなんとか武田軍を撃ち破ることに成功する。「西の桶狭間」と呼ばれるこの戦いを制したことで、毛利氏は勢力を拡大していくことになるが、元就にとってこの戦いは初陣であった。彼の戦いのセンスが、いかに優れていたかがうかがえる。

元就が二十七歳のころ兄の嫡男が亡くなり、毛利家の当主となった。当時は家臣団が実権を握っていたが、元就は家中を押さえて結束を高めていく。外交的には、家督相続に当たって謀略を仕掛けてきた尼子氏と絶縁し、一旦は大内氏の傘下に入るが、次第に両大名の影響下からの脱却を考えるようになっていった。

元就は山陽の小早川家に三男・隆景を、山陰の吉川家には次男・元春を相次いで養子に入れると、反対勢力を粛清して両家を乗っ取ってしまう。有名な「毛利の両川」の誕生である。こうして元就は、毛利・小早川・吉川の三家による、強固な協力体制をつくりあげたのであった。

■主家でおきた謀反を契機に勢力を拡大

地盤を着々と固めていく元就に、やがて転機が訪れる。主家の大内氏で謀反が起こり、当主の大内義隆が陶晴賢《すえはるかた》に討ち取られたのである。大内氏の旧領を支配するために元就の協力が必要と考えた晴賢は、元就に安芸の国人をまとめる権限を与えた。元就は、日和見がちな国人衆を連判状でまとめ、自ら仲裁役となることで徐々に盟主としての立場を確立していった。

しかし、元就の急激な勢力拡大に危機感を覚えた晴賢が、態度を硬化させたことから晴賢との対決を決意。元就は、絶縁を宣言したその日に進軍を開始すると、電撃的な作戦行動で近隣の諸城を攻略し、また陶氏の名将を謀略をもって抹殺した。

さらに周囲の水軍を味方につけて厳島に囮《おとり》の砦を築くと、晴賢をおびき寄せてみごと討ち取ったのであった。

こののち、約一年半をかけて西方をすべて併呑した元就は、次の目標を尼子領の石見に定めた。しかし、「石見銀山」で知られるこの地を尼子氏がやすやすと渡すはずもなく、四年ものあいだ一進一退を繰り返すことになる。

そこで、元就は将軍・足利義輝からの講和調停に応じていったん和睦。すると、尼子氏の家臣から寝返る者が現れはじめ、動揺した尼子方の武将が石見から退却したため、石見を手中に収めることができた。石見が崩れた影響もあり、元就のさらなる調略によって尼子氏からは寝返る者が続出。こうして勢力を切り崩した元就は、講和を破棄して戦いを再開し、尼子氏を降して約十年をかけた戦いは終了した。

中国地方に巨大な版図を築いた元就だったが、このときすでに六十九歳。そして、わずか五年後の一五七一年、七十五歳でこの世を去った。

元就の墓の前に、「百万一心」と刻まれた石碑が立っている。みなが心をひとつにして事に当たれば、できないことはないという元就の信念を表したものだが、百と万の字は一画ずつ欠けており、それぞれ「一日」「一力」とも読める。すると、一日・一力・一心となり、各自がその日その日を力を尽くして協力すれば、何でも実現できるという意味になる。一国人から身を起こし、多数の国人衆をまとめあげて一大勢力を築いた、元就らしい言葉ではないだろうか。

鍋島直茂

深謀遠慮で主家を乗っ取った「龍造寺の仁王門」

一五三八〜一六一八年

■龍造寺家の名参謀

鍋島直茂《なべしまなおしげ》は、肥前（現在の佐賀県と長崎県）を治める龍造寺家傘下の豪族の家に生まれた。鍋島家は直茂の父や祖父の代から龍造寺家に重用されていた。直茂も鍋島家の跡取りとして期待は大きかったのだが、彼の才覚は早くから認められるようになる。特に信頼を厚くしたのは、龍造寺家の新しい当主になった龍造寺隆信である。直茂の父と隆信の母が再婚し、直茂と隆信が義兄弟の関係になったことでも期待の大きさが窺えるというもの。そして直茂もまた、龍造寺家の勢力拡大に欠かせない活躍を見せていった。

肥前の宿敵・少弐《しょうに》氏を倒したあと、龍造寺家は隣国の大友宗麟《そうりん》に目をつけられる。ここで直茂は篭城戦を提案する一方、中国地方の毛利元就に侵攻を要請し、大友軍を撤退させた。翌年にも大友軍は大軍を率いて再侵攻を図るが、直茂は前回の慎重論から一転して奇襲策を主張。自ら夜襲隊を指揮して、大友軍を撃破して見せる。

こうした勝利によって龍造寺家における直茂の存在は絶対的なものになり、その後も直茂の策はことごとく的中。龍造寺家は肥前を統一し、隆信は「肥前の熊」と呼ばれる名将になる。同時に直茂の功績も内外に知られ、「龍造寺の仁王門」として隆信と並び称されたが、名将と名参謀の蜜月はそう長く続かなかった。

■主君に刃を向けることなく国を乗っ取る

龍造寺の名臣・鍋島直茂の実力は九州全土に広まっていた。当然、家中でも全幅の信頼を置かれていたが、その一方で直茂の存在を疎ましく感じる者がいた。ほかならぬ、当主の隆信である。隆信は一五七八年の肥前統一を機に、嫡男の龍造寺政家に家督を譲ったものの実権は自らが握り続け、勢力拡大に努めていた。しかし、その手法は強引で、ときに常軌を逸した残忍さを伴うもの。直茂がたびたび苦言を呈しても、傲慢な隆信には聞き入れられなかった。かつては固い絆で結ばれていた義兄弟のあいだに、いつしか溝ができたのである。そして一五八四年、隆信は島津・有馬連合軍との戦いに挑んだが、無残に敗れて首を取られてしまう。

隆信を失った龍造寺家は大いに揺れた。家督を継いだ政家は器量に乏しいうえに病弱で、このままでは島津氏のいいようにされてしまう。そこで家中の判断により、お家の危機を乗り切れるのは直茂しかいないと実権を委ねたのである。

これを承諾した直茂は、最初こそ島津氏に従う態度を取っていたものの、その裏で天下人となった豊臣秀吉とのパイプを強める。そして秀吉の「九州征伐」を促し、まんまと島津氏の支配を断ち切っただけでなく、秀吉からの信頼をも勝ち取って、事実上の国主に任命された。その後、「関ヶ原の戦い」が起こると、今度は徳川家康の東軍に加担。時勢を見る目の確かさでうしろ盾を強化し、乱世のなかにあって国内の消耗を最小限に抑えることができたのである。

やがて肥前が佐賀藩と名を変えるころ、政家とその子が実権の回復を図ろうとしたが、すでに幕府は鍋島家こそ実権をもつ家系と考えており、家中でもそれは同じであった。政家らはお家を乗っ取られた恨みを残しながら世を去り、隆信の直系にあたる龍造寺本家はついに滅亡。直茂の息子・鍋島勝茂を初代藩主とする佐賀藩が確立され、八十一歳まで生きた直茂は佐賀藩の藩祖とされている。

元は龍造寺家の支配下にあった土地を、その家臣である鍋島家がものにしたのだから、これもひとつの下克上と呼べるだろうが、直茂は一度として主君の龍造寺家に刀を向けることはしていない。むしろ鍋島は国を守った恩人であり、のちに実権回復を図った龍造寺は恩知らずという構図さえある。

ただ、龍造寺本家が滅亡したあと、残る一門衆の勢力を弱めてお家復興の可能性を摘む動きもあったことから、直茂に国盗りの意思がなかったわけではない。もし、この野心が隆信存命のうちに芽生えていたとすれば、直茂という人間の知謀は一体どれほど巨大であったのだろうか——。

◆戦国一の派手好きは誰か？

酒落者たちのファッションショー

武将たちが戦場に出るときのいでたちは、身を守るための鎧兜を身に纏《まと》い、その上にコートのような陣羽織を着るのが一般的である。この陣羽織は防寒具としての役割や、自分の身が健在であることをアピールするために、馬上や陣中にて使用されていた。

そのため、戦国時代初期では機能性を重視した麻や和紙などで簡素につくられることが多かったが、外国との貿易が盛んになると羅紗《らしゃ》や更紗《さらさ》、ビロードなどの高級素材も使用するようになり、装飾もだんだんと派手になっていく。背や胸の部分に家紋の刺繍をつけるのは当然として、幾何学模様のような複雑な絵柄や、竜の姿を描いた絵画のような陣羽織も多数存在した。

ド派手な陣羽織として有名なのは、豊臣秀吉が所持していたペルシャ絨毯を切り取ってつくったものや、赤地に二本の黒い大鎌をクロスさせた小早川秀秋所持の陣羽織などだろうか。また、伊達者の起源としても有名な伊達政宗はデザインに拘《こだわ》り、当時かぶき者たちのあいだで流行ったノコギリの歯のようなギザギザ模様を裾《すそ》にあしらっていた。

秀吉の天下統一の仕上げである「小田原征伐」には、多数の武将たちが参列したというが、その陣中は端から見ればまるでファッションショーのようだったのかもしれない。

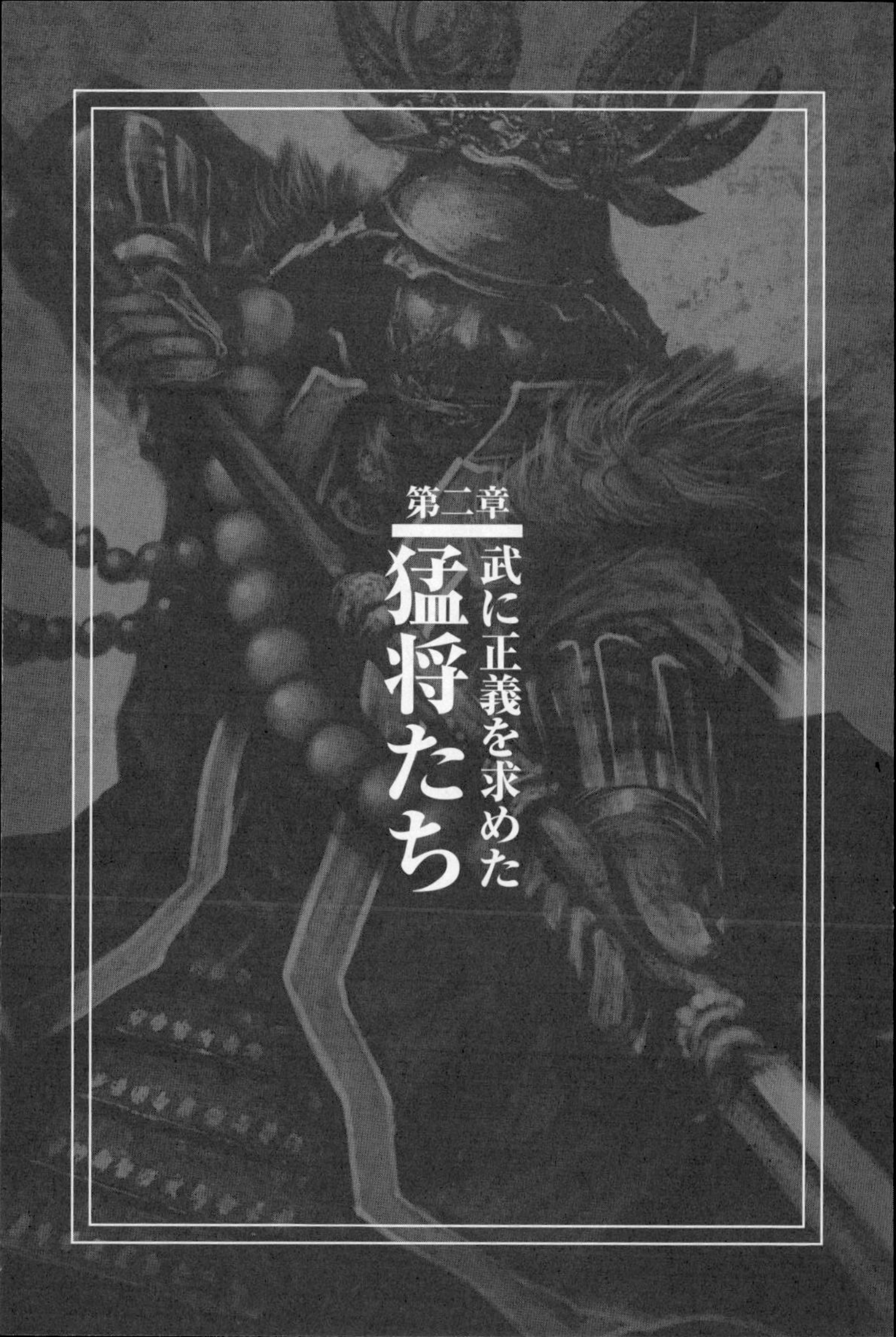

第二章
武に正義を求めた猛将たち

後世まで語り継がれる武勇伝

●戦いで名をあげてこそ、武士の本懐

戦国時代において名をあげるためにはどうすればいいのか？　やはり戦さで活躍するのがもっとも手っ取り早いだろう。

事実、槍一本で多くの戦いを渡り歩いて武功をあげ、出世の道を切り開いた者たちは数多く存在する。

だが、武将クラスともなれば、兵を率いて戦う必要があるため、己ひとりが強いだけでは話にならない。

混乱する戦場のなか、攻めどきや引き際を見極められるかがポイントとなる。

勝利を掴みとるには、用兵術のスキルも要求されたのである。

●「武士道」を貫いて猛将となる

生涯五十七の合戦に出陣し、傷を負うことがなかったという本多忠勝は、まさに武の化身ともいうべき武将である。

上田城に篭城し、寡兵ながら二度も徳川の大軍を退けた真田昌幸の用兵術などまさに見事としかいいようがない。

だが、ただ勝利のみが後世に語り継がれるのかというと、そういうわけでもない。「関ヶ原の戦い」で敵中突破を果たした島津義弘は、敗北しながらも島津恐るべしと武名を轟かし、「長篠の戦い」で討ち死にした高坂昌信などは、最後まで忠義を尽くした武将として称えられている。彼らに共通することは、意地や忠義を貫き通した点である。

すなわち、この時代の道徳観（武士道）を守っているのである。武士道を貫き苛烈な戦さを見せてこそ、武勇を備えた猛将としてはじめて歴史に名を残せるのである。

強靭な肉体と恐るべき精神力を誇った天下無双の豪傑

本多忠勝

一五四八～一六一〇年

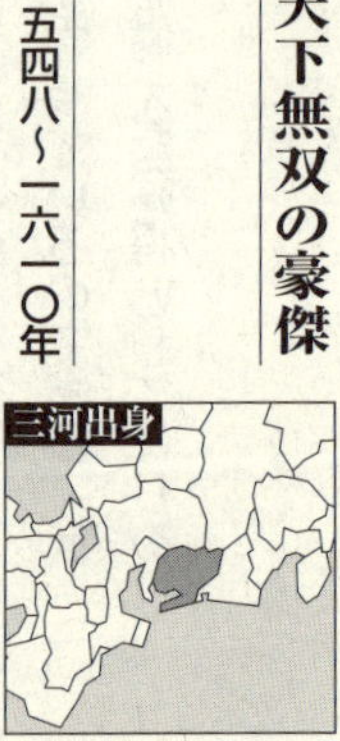

■一万の敵に単騎で突っ込む

鹿の角をあしらった兜をつけ、穂先に止まった蜻蛉《とんぼ》がまっぷたつになったという天下の名槍・蜻蛉切《とんぼぎり》を振るう。生涯五十七度の戦いにおいて、かすり傷ひとつ負わなかったといわれる戦国最強の武将。それが本多忠勝《ほんだただかつ》である。

忠勝の生まれは三河（現在の愛知県東部）。のちの徳川家である、松平家の譜代家臣・本多忠高の嫡男であった。本多氏は、猛者揃いの徳川家中でも屈指の武勇家系。幼いころから槍と兵法を学び、五歳年上の徳川家康に仕えることになった忠勝は、元服するとすぐに初陣を飾る。以降、次々と武功を重ね、十九歳のときには早くも旗本部隊の将に抜擢された。同じ年の生まれの榊原康政とともに、家康にとって欠かすことのできない存在になったのである。

戦い方も凄まじかった。家康が経験した名だたる合戦で、忠勝は先鋒や殿《しんがり》の重要な役割を担うことが多かったが、わずかな兵を連れて、あるいは単騎で敵陣に飛び

込み勇猛果敢に立ち回っている。徳川・織田連合軍が、浅井・朝倉連合軍と戦った「姉川の戦い」では、なんと朝倉勢一万に向かって単身駆け出し、敵将と一騎撃ち。当初、押され気味だった徳川軍はこの姿を見て、大切な忠勝を死なせるわけにはいかないとばかりに奮起し、大軍を討ち破ることに成功。この一騎当千の活躍に、織田信長は『三国志』の豪傑・張飛にたとえて絶賛した。

こうした忠勝の武勇は、対峙した敵方からも一目置かれるものであった。武田信玄軍の武将は「家康にはもったいない」と称え、豊臣秀吉でさえ「東国一の勇士」と高く評価。いずれも家康軍をあと一歩まで追い詰めながら、忠勝の獅子奮迅の抵抗を受けて家康を逃した際の言葉であった。

常識を超えた忠勝の強さは、天下取りを目指す家康にとって絶対の切り札。家康の側には常に忠勝があり、その槍で徳川の未来を拓いていったのである。

■脅威の武力は戦場にあってこそ輝く

家康にとって幸運だったのは、忠勝という猛将が強い忠誠心をもっていたことである。もし忠勝が家康のもとを離れることがあったなら、徳川の歴史は大きく変わっていたかもしれない。

一五九〇年のこと、徳川氏は豊臣氏傘下に入っており、秀吉は忠勝を自分の家臣に召し抱えようとした。しかし、忠勝はこれを受け入れず、主君・家康へ忠誠の意思を強く示す。この当時、秀吉は全国制覇に王手をかけた天下人であり、一方の家康は関東に配置換えをさせられた状態。どちらの立場が有利かは一目瞭然だったにもかかわらず、家康の家臣であり続けることを望んだのである。

忠勝にとって忠義を貫き主君を守るのは、自分の身を立てる以上に大切なことであった。姑息な裏切りなど言語道断。家康のために命をかけて戦うことが、彼の美徳であったのだろう。ついに「関ヶ原の戦い」まで槍を振るい続け、家康を天下人の座に押しあげた。忠勝にとっても長年の夢が叶った瞬間である。

ところが、徳川幕府創立後の忠勝は、決して恵まれていたといえない。それまでの功績からいっても幕府の中枢に置かれて不思議はなかったが、新しい時代が求めていたのは高い政治力。泰平の世にあって槍で突くべき敵はおらず、忠勝の武力はもはや必要なくなっていた。

一六〇九年には息子に家督を譲って隠居。その翌年、かつての戦場の轟音と正反対の静けさのなか、六十三年の人生に幕を閉じた。ところで忠勝は死の数日前、彫り物をしていた小刀で、うっかりと自分の指に切り傷をつけてしまい、間もなく息を引きとった。致命傷になるはずもないこの小さな傷こそ、彼の生涯で唯一の傷である。五十七回もの合戦を無傷で生き抜いた忠勝には、やはり強い運が味方していたのだろう。ひとつの傷は、彼の運が尽きたことを意味していた。そしてその運も、乱世と戦場のなかでしか輝くことができなかったのかもしれない。

真田昌幸

寡兵で大軍を退ける名手にして徳川の宿敵

一五四七〜一六一一年

■二千の兵で徳川軍七千を撃退する

真《さな》田《だ》昌《まさ》幸《ゆき》は、武田信玄に仕える真田幸隆の三男として生まれた。幼いころに、信玄のもとへ人質として出された昌幸は、「第四次川中島合戦」や北条氏の拠点である小田原攻めなどに従軍しつつ、武田軍の将としてエリートコースを歩んでいくことになる。昌幸は、戦いでは侍大将を、平時には奉行を務めていたようだ。また、一五八〇年に上野（現在の群馬県）の沼田城を攻略し、以後はこの地を拠点とした。

一五七三年になると、信玄が病没して武田勝頼があとを継ぎ、翌年には父・幸隆も信玄のあとを追うように没してしまった。

真田氏の家督は長兄の真田信綱が継いだが、二年後の「長篠の戦い」で、長兄・信綱、次兄・昌輝の両名が戦死してしまったため、昌幸は急遽真田氏に戻って家督を継ぐこととなり、以後は真田昌幸を名乗った。

一五八二年、勝頼が織田信長に敗れたため、昌幸は信長に仕えることにしたが、

第二章◆◆武に正義を求めた猛将たち
真田昌幸

その信長も二ヵ月後の「本能寺の変」で落命。昌幸はまたもや主を失ったばかりか、旧武田領が諸大名の草刈場となったため、身の振り方を決めねばならなくなった。

昌幸は、信濃や上野を狙う徳川家康、上杉景勝、北条氏直のもとを、状況に応じて渡り歩きつつ領地の保全に努め、最終的に家康のもとに落ちついた。

しかし、上野をめぐって争っていた家康が北条氏と和睦した際の条件に、上野の沼田と信濃の佐久郡の交換が入っていたことから、これを不服とする昌幸は家康から離反し、再度上杉氏に帰属することにしたのである。

沼田は昌幸自身が勝ち取った領地で、家康に味方したことで得られるはずの褒賞もいまだ与えられておらず、その上所領を明け渡すなどできるはずもなかった。

かくして「第一次上田合戦」が勃発したが、昌幸はわずか二千弱の兵で徳川軍七千を撃ち破って撃退。上杉氏からの援兵も到着したため徳川軍は撤退した。

こののち、豊臣秀吉の調停で昌幸は家康の配下となったが、沼田領の処置をめぐって北条氏が違約を犯したことから、「小田原征伐」が起こり北条氏は滅亡。この結果、秀吉与力の大名となった昌幸は上田領を、家康与力の大名となった長男・信之は沼田領を安堵され、以後、真田家はふたつに分かれることとなったのである。

■十分の一の兵力で徳川軍に煮え湯を飲ませる

秀吉が没すると、秀吉の「朝鮮出兵」以来くすぶっていた武断派と文治派の対立が表面化するようになり、また越後から会津へ転封となっていた五大老のひとりである景勝が、旧領・越後を奪還する意図を持って会津へ帰国するなど、戦乱の兆しが見えはじめる。

家康は、残る五大老との協議の結果、上杉討伐の軍を起こすこととなり、昌幸もこれに従軍する。

ところが、これに乗じて五奉行から外されていた石田三成が、大谷吉継とともに反家康を掲げて謀反を起こしたため上杉討伐は一時中止となった。

このとき、真田家では話し合いがもたれ、秀吉の与力大名だった昌幸は西軍に、家康の与力大名であった信之は東軍につくことになったというのが通説だが、実は徳川軍からの離反は、沼田領問題で大恩のあった景勝に味方するためだったという説もある。

いずれにせよ、昌幸は上田城に籠城し「第二次上田合戦」が勃発。三万人以上の徳川軍を相手にわずか三千人で応戦し、またもや撃退に成功するのである。

結局、「関ヶ原の戦い」で東軍が勝利して家康の権力は増大し、景勝も矛を収めることになる。昌幸は幸村とともに、出家して高野山の麓にある九度山へ流され、そのまま一六一一年に六十五歳で亡くなった。

「表裏者（油断のならない者）」と評され謀将として名高い昌幸だが、大恩を受けた相手には信義を貫き通す、そんな一面ももっていたのである。

山県昌景

真紅の騎馬軍団で戦場を疾駆した闘将

一五二九〜一五七五年

■名家に生まれたエリート武将

山《やま》県《がた》昌《まさ》景《かげ》の旧名は飯富源四郎という。飯富家は甲斐（現在の山梨県）の武田家に仕え、譜代家臣のなかでも特に重用された名家である。

兄の飯富虎昌は宿老を務め、武田信玄の嫡男・武田義信の教育係も兼任。また、虎昌の軍団は全員が朱色の甲冑で揃えた「赤備え」と呼ばれ、他国を震えあがらせた精鋭部隊。武田家の中枢を担う、文武に優れた重臣であった。こうした兄をもつ昌景は、いわば武田家臣団のエリート。武芸や兵法はもちろん、忠義の心構えまで厳しく叩き込まれながら育っていった。

こうした環境で才能が開花するのに、長い時間はかからなかった。初陣は二十五歳のころだったが、その城攻めでいきなりの一番乗り。上々のデビューを果たしたあとも戦功を重ねていき、武田信玄と上杉謙信の激突で有名な「川中島の戦い」にも参加すると、上杉軍きっての豪傑・鬼小島弥太郎と壮絶な一騎撃ちを演じる。

その実力は誰もが認めるところとなり、三百騎を率いる大将に昇進。内政面の最高責任者にも任命された昌景は、兄・虎昌にも劣らない名将としてその存在感を大きくしていったのである。

■口に采配を咥えて指揮

昌景は順調に出世し、武田家の飯富一族への信頼も厚い。すべてがうまくいくように思えた矢先の一五六五年、武田家を揺るがす大事件が起こった。家中では信玄と義信の親子の確執が噂されていたが、ついに義信は信玄の暗殺を企てはじめる。しかも、計画の首謀者は兄・虎昌である。

これをいち早く察知した昌景は信玄にありのままを訴えた。実の兄であろうと当主への謀反の罪は許されないとして、兄弟をかばうより当主への忠義を貫いたのである。クーデターは未遂に終わり、義信は幽閉。虎昌は責任を取らされて自害した。

尊敬する兄を告発するとき、昌景は断腸の思いであったに違いない。兄が処刑されてしまうのはもちろんのこと、由緒ある飯富家の威信は失墜して、自分も肩身の狭い思いをする可能性があったからだ。しかし、ここまで忠義を示された信玄は、昌景の立場をしっかりと守った。謀反者のレッテルがついた飯富姓から山県姓へと改めさせ、ここに山県昌景が誕生。家老にも任命し、信玄と昌景の絆はいっそう強固なものになっていった。

以降の昌景は内政面でも手腕を発揮したが、その武力はますます冴え渡った。兄が残した最強部隊「赤備え」を引き継いだことで、出陣すれば連戦連勝。徳川家康軍を壊滅寸前まで追い込み、信玄が京を目指す際には別働隊として進軍し、六つの城を落とす。あの織田信長でさえ直接対決を避けるほどで、戦国最強の名をほしいままにした信玄軍の中心として活躍したのである。

一五七三年、武田家の絶頂期にあって信玄が病死。信玄の四男・勝頼が跡を継ぐことになる。信玄は死の間際にもっとも信頼を寄せる昌景を呼び寄せ、武田家と勝頼の未来を託したという。無論、昌景もそのつもりであったのだが、互いに信頼しあった信玄とのような関係を、勝頼とのあいだにつくることができなかった。偉大な父を継いだ勝頼は功を急ぐことが多く、昌景を中心とした家臣はこれを抑えようとしたが、聞き入れられないどころか疎まれるようになっていったのである。

こうして結束力が下がった状態のなか、勝頼は昌景たちの言葉を無視して、ついに信長との決戦を強行。信長の鉄砲隊の前に、かつて最強を誇った武田軍は劣勢を強いられる。昌景は信玄に託された武田家の未来を守るため、決死の覚悟で突撃。銃弾を受けて腕が動かなくなっても、采配を口に咥《くわ》えて指揮をとったが、ついに壮絶な死を遂げた。

そして昌景ら重臣を失うと同時に、天下に聞こえた武田家は崩壊の一途をたどっていくのである。

「鬼島津の武」を知らしめた敵中突破の豪将

島津義弘

一五三五年〜一六一九年

■秀吉への恩義から当主と反目する

生涯で五十二回もの合戦に出陣し、いずれも華々しい戦果を飾った薩摩（現在の鹿児島県西部）の雄・島《しま》津《づ》義《よし》弘《ひろ》。戦の鬼ともいわれた義弘を語るうえで、絶対に外すことができないエピソードがある。それは「関ヶ原の戦い」における壮絶なる撤退劇だ。この戦いのなかで義弘は、参戦した諸侯にその強さと恐ろしさ、そして武人としてのプライドの高さを存分に見せつけたのである。

豊臣秀吉の死後、世間はにわかにきな臭くなり、徳川家康と旧豊臣方の激突はもはや避けることができなくなった。この状況に島津家は当主・島津義久の判断により中立の立場を保つよう方針を固めるのだが、義弘は恩義ある豊臣方に与《くみ》するべしと兄に反目し、大坂に居座っていた。

その後、徳川家康が上杉征伐のために会津へと出兵すると、石田三成がついに挙兵。留守となった家康の居城・伏見城へとその兵を向ける。ここで家康に救援を頼

第二章◆武に正義を求めた猛将たち
島津義弘

まれた義弘は、仕方なく兵千五百を率いて出陣。伏見城へと到着するが、城を守る鳥居元忠が島津軍の入城を拒否したため、義弘は怒って引き返し、そのまま三成が率いる部隊に合流する。こうして義弘は兼ねてからの思惑通り、旧豊臣方の西軍へと名を連ねることになった。

■死地にて輝く「捨て奸」戦法

そして舞台は関ヶ原へ。義弘の参戦に三成も強力な味方を得たと喜びそうなものなのだが、あの島津ともあろう家がわずか千五百しか兵を率いていないことに落胆。 こともあろうに義弘を軽視するようになる。それでも義弘は今まで培ってきた戦さの経験を元に軍議で献策する。その内容は家康の得意とする野戦は避け、夜襲にて早々に決着をつけるべしという理に叶ったものだった。しかし、三成は末席の将の意見など聞いていられるかとこれを拒否。プライドを傷つけられた義弘は怒り、それ以降は口を出さずただ黙って軍議の成り行きを見守ったのだった。

そしていざ開戦……。ここで義弘は口を出さないどころか兵士すらいっさい動かさず、ただ近寄る敵のみを鉄砲で撃退するという、もはやどちらの味方ともいえない行動に出た。この島津の動きには、両軍ともにあっけにとられて見守るしかなかったのだが、やがて小早川秀秋の部隊が裏切りを決行すると、西軍は総崩れになり、東軍の勝利が決定的となる。

敵の大軍勢のなかに取り残された島津軍。ここで初めて義弘は兵を動かす。義弘がとった行動、それはなんと家康の本陣をかすめながらの敵中突破であった。この突撃に東軍は大慌てとなるが、大勝利に傷をつけてはならぬと本多忠勝、井伊直政らが必死に島津隊を追撃する。これに対し、義弘は足止め部隊を次々に繰り出す「捨て奸《がまり》」という戦法で対処。足止め役は討ち死に確定だったが、島津家では戦場において総大将の首級を決して敵に渡してはならないという教えがあり、配下たちにもそれが徹底していたからこそ、この戦法は成り得たのであった。

足止めの兵士たちが次々と倒れていき、従軍した甥の島津豊久が義弘の身代わりとなって討ち死にするが、辛くも義弘は戦線離脱に成功。薩摩に帰り着いたときには、千五百いた兵士はわずか八十数人しか残っていなかったという。

敗北した西軍のなかにあって、数少ない戦果のひとつである島津の撤退劇は、敵味方を問わず喝采した。多くの犠牲は出したが、義弘もさぞかし痛快だったことであろう。なにせ義弘は東軍からも西軍からも軽視されていたからである。

「関ヶ原の戦い」後の島津家は、徹底抗戦の構えを崩さず裏で徳川に謝罪。なんと追撃部隊にいた井伊直政が取りなす形で、島津への処分は西軍のなかではもっとも甘い「お咎めなし」という裁定が下された。義弘の見事な撤退劇が、敵の心をも動かしたのである。その後、義弘は隠居を決めて後進の指導にあたり、一六一九年、八十五歳で静かに息を引きとった。その身を戦さに捧げた怒濤の生涯であった。

前田利家

加賀百万石の礎を築いた天下の律儀者

一五三八〜一五九九年

■もとは「又左衛門の槍」といわれたかぶき者

前田《まえだ》利家《としいえ》は、尾張（現在の愛知県西部）の土豪・前田利昌《としまさ》の四男として生まれた。当時の尾張はまだ統一されておらず、この一帯を支配していた織田家ですら、身内同士で争っていた。十四歳で織田信長に仕官した利家は、信長の近習として仕えることになった。信長が勢力を拡大していく時期だっただけに、利家も頻繁に戦さに出ることになるが、初陣から華々しい活躍をして、順調に戦功をあげていった。このころの利家は、日ごろから派手なつくりの槍をもって歩き、また短気だったことから、人々は「又左衛門の槍」と呼んで彼を避けたといわれている。

利家が二十二歳のとき、刃傷《にんじょう》沙汰を起こしたことで謹慎処分を受けてしまうが、そこは腕に覚えのある利家のこと。「桶狭間の戦い」や美濃攻略にこっそり加わり、豪将を討ち取ったことで許されている。

利家が織田家に帰参した当時、前田家は兄・利久が継いでいた。しかし、利久は

第二章 ◆◆ 武に正義を求めた猛将たち
前田利家

武芸に疎く子供にも恵まれなかったため、のちに養子をとろうとした。

しかし、主家である信長は、「前田家をよその者に継がせるわけにはいかない」とこれを認めず、利家に家督を継がせるようにと命じたことから、利家が前田家の当主となった。

■勝家と秀吉との間で苦しい立場に追い込まれる

前田家の当主となった利家は、朝倉・浅井氏の討滅や一向一揆の鎮圧、武田氏との「長篠の合戦」など、主だった戦いに参加してより一層力を奮い、やがて越前（現在の福井県北部）の府中を領有することになった。大名・前田利家の誕生である。

その後も順調に勤めを果たし、利家は能登（現在の石川県北部）一国を任されることになったが、その直後に一大転機が訪れる。主君の信長が「本能寺の変」で倒れ、明智光秀を討った実力者・豊臣秀吉と織田家の宿老・柴田勝家が、後継者の座をめぐって対立したのである。利家は、領国も近く織田家の宿老だった勝家を尊敬しており、「おやじ殿」と呼んで親しくしていた。一方、秀吉には娘を養子に出しおり、個人的に非常に親しい間柄だったのである。

勝家と秀吉の間で板ばさみとなった利家は、当初は勝家に味方していた。しかし、内部の権力闘争だったこともあって戦意は乏しく、「賤ヶ岳の戦い」以降は秀吉側につき従うことになる。

一度は秀吉と対立したものの、板ばさみという苦しい利家の立場が理解されたためか、秀吉からのお咎めはなく、律儀な性格もあって秀吉の信頼を得ていった。秀吉と家康の対立により、家康に味方した隣国の佐々成政の侵攻を受けるという事件もあったが、利家はこれを見事に撃ち破り、秀吉に有利な体制をつくった。

このような経緯もあって、最終的に利家は加賀（現在の石川県南部）・能登・越中（現在の富山県と新潟県西部）の三国を支配することになり、北陸の重鎮としてなくてはならない存在となる。

こののち、利家は秀吉の全国統一に尽力し、「小田原征伐」への参加や奥州（現在の東北地方）諸大名との仲介などを行った。国内が統一されると、利家は家康と並ぶ重臣として遇され、のちに豊臣家の後継者・秀頼の御守り役に指名される。秀吉が五大老・五奉行の制度を整えたとき、利家が五大老のナンバー2となったことからも、秀吉がいかに利家を信頼していたかがうかがえる。また、秀吉は利家の邸宅によく訪れていたようで、個人的にも親密な関係だったことがよくわかるだろう。

利家も秀吉の信頼によくこたえて忠誠を尽くし、秀吉が逝去したのちは秀頼とともに大坂城へ入った。親・豊臣家の筆頭として睨みを利かせたが、秀吉が没してからわずか七ヶ月後、六十二歳で病没した。

利家は武芸に秀でていただけでなく、能や茶などの芸能にも通じた文化人でもあり、加賀藩百万石の礎を築いた偉大な人物として、現在も親しまれている。

仙石秀久

戦国最大の名誉挽回劇をやってのけた決死の覚悟

一五五二～一六一四年

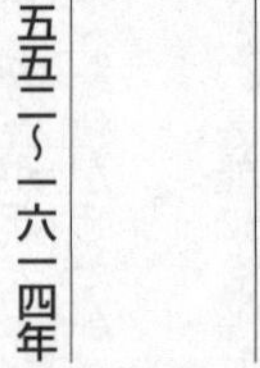

■豊臣秀吉の下で出世街道を突き進む

美濃（現在の岐阜県南部）の豪族出身の仙石《せんごく》秀久《ひでひさ》は、はじめ斎藤家に仕えていたが、斎藤家滅亡に伴い織田信長の家臣となった。斎藤家臣時代に目立つ活躍はなかったが、長身で筋骨隆々という秀久の勇猛な姿は、信長に気に入られたという。そして家臣のなかでも台頭著しい豊臣秀吉の下につくと、秀久は徐々に才能を開花させていった。織田・徳川連合軍と浅井・朝倉連合軍が激突した「姉川の戦い」での活躍を皮切りに、秀吉に従軍した「中国征伐」でも次々と城を落とし、秀吉の出世に大きく貢献。秀久に任せておけば安心と、全幅の信頼を置かれるようになる。

一五八二年に信長が本能寺に倒れ、秀吉が天下取りに動き出してからも、秀久がその立場を変えることはない。「本能寺の変」の首謀者・明智光秀に味方した豪族を討伐する任務をこなし、秀吉が柴田勝家と争っているあいだは、四国で反抗の意思を表した長曾我部元親を抑えていた。秀久はこの戦いで何度となく劣勢を強いら

第二章 ◆◆ 武に正義を求めた猛将たち
仙石秀久

れたが、長曾我部軍が海を渡ることだけは許さなかったため、秀吉は勝家との戦いに集中できたのである。

この功績を称えられた秀久は、淡路で一国一城の主に昇進。秀吉の部下のなかでもっとも早く大名にのぼり詰め、順風満帆な出世街道を歩んでいった。

■失態による転落と決死の名誉挽回

「四国征伐」でも期待どおりの活躍を見せた秀久は、一五八六年に「九州征伐」の総大将の任を受けた。敵は九州に一大勢力を築き、なお勢い盛んな島津家で、大将は家中きっての戦略家・島津家久である。

秀久には、敵の戦力が少ないように見えていた。そして秀吉不在のこの戦いで勝利すれば、さらに武功をあげることができると考えたのであろう。部下の進言を無視して突撃したが、これは島津家久の罠。あっという間に包囲され、無様な大敗を喫してしまったのである。しかも、あろうことか総大将の秀久がまっ先に逃げ出すという始末。この失態に、当然のごとく秀吉は激怒した。積みあげてきた信頼はあっけなく崩れ、追放処分を受けた秀久は地位も名誉も失ったのである。

その後しばらくは寂しく過ごしていた秀久だったが、ようやく名誉挽回のチャンスが訪れる。徳川家康の口利きによって、「小田原征伐」に参加できることになったのである。もっとも、秀吉に許されたわけではなく、ここで活躍できなければ後はない。しかも、誰もが認める戦功をあげる必要があった。

決死の覚悟の秀久は、陣羽織全体に鈴を縫いつけて出陣した。体を動かすたびに鈴が鳴ることで、敵からは格好の標的にされる。それでも次々と襲いかかる敵を退け、あえて守備の厚い場所へ先陣を切っては突破口を開いていった。この姿は鈴鳴り武者と称えられ、秀吉軍の小田原征伐も成功。功績を認められた秀久は九州での失態を許され、ついに大名の座へ返り咲くことができたのである。

戦国の世で失態から転落した武将が、その地位を回復した例はほとんどない。まして秀久は負け戦を招きながら自分だけ逃げ出したことで、臆病者のレッテルまで貼られていた。それを壮大なパフォーマンスと自らの力によって、勇猛果敢な生き様を取り戻したのである。原動力となったのは、出世への執念か、秀吉への忠義か。いずれにしても、最後に信じたのは秀久自身の力だけであった。

秀吉の亡きあとは、小田原参陣の恩もある家康に近づき、その子・徳川秀忠をサポートする役目に就いた。その結果、のちに家康の天下が訪れると小諸藩の初代藩主に任命され、秀忠が将軍になってからも絶大な信頼を得たのである。一六一四年、病により六十三年の人生を終えるまで、秀忠から破格の待遇を受けたという。

もしも秀久が秀吉の下で成功を続けていたなら、関ヶ原の戦いでは家康と敵対関係にあったかもしれず、晩年は違っていただろう。そう考えれば、秀久は死に物狂いで失敗を乗り越えたことで、より大きな成功への扉を開いたともいえる。

加藤清正

槍一本で大大名にのしあがった秀吉の子飼いの闘将

一五六二〜一六一一年

■秀吉の配下として奮闘

加藤《かとう》清正《きよまさ》は尾張（現在の愛知県西部）中村の出身で、ごく普通の農民の子として生まれた。しかし、体が大きく腕っ節にも自信のあった清正は、成長するに連れて槍ひとつで立身出世を夢見るようになる。そして、同郷で親戚関係にも当たる豊臣秀吉を頼って織田家に仕官し、そのまま秀吉の家臣に。秀吉は自分と同じ境遇の清正を重用し、清正も見事な槍働きでそれに応えたのだった。

そんな清正の名が世に知られるようになったのは、信長が「本能寺の変」で倒れてからである。信長の後継者争いとなった「山崎の戦い」、そして「賤ヶ岳の戦い」で戦果をあげた清正。特に賤ヶ岳での見事な掃討戦は語り草となるほどで、この戦いで活躍した清正を含む七名の猛将たちは、「賤ヶ岳の七本槍」と呼ばれて称えられた。

清正の活躍もあって、ふたつの戦いで勝利した秀吉は、事実上信長の後継者とな

り絶大な力を手に入れる。そして天下統一の仕上げに乗り出した秀吉は「九州征伐」へ。この戦いでも活躍した清正は、褒美として肥後（現在の熊本県）か讃岐（現在の香川県）のどちらかを与えられることになる。当時の肥後はかなり貧しい国というこどもあり、誰もが讃岐を選ぶと思ったのだが、清正が選んだのは肥後であった。

戦場でしか功績をあげたことのない清正は、周囲からは武技のみの男との評価を受けていてもおかしくはない。自分がそれだけの男ではないことをアピールするには、どん底の国の立て直しを図ることが一番の近道だと考えたのだろう。

清正はまず勇壮な外観ながらも防衛拠点としての能力も高い名城・熊本城を築城。そこを拠点として治水、新田開発に力を注ぎ、さらには南蛮との貿易も積極的に行った。すると、国は目に見えてどんどん豊かになっていき、肥後は貧しさから脱却することに成功。これにより清正は戦いだけではなく、築城技術や治世面でも秀でているところを諸侯に示したのである。

■憎しみの心に導かれ、家康に助力

肥後を繁栄させた清正であったが、戦いは終わったわけではなかった。秀吉が朝鮮に軍を向け、清正はその先鋒を命じられたのである。「朝鮮出兵」での清正は、敵の二王子を生け捕りにしたり、突然出没した虎を退治するなど、秀吉の期待に応える輝かしい武功をあげた。だが、これにより清正の人生は急変することとなる。

戦の方針をめぐっての衝突や兵糧輸送の滞り。これらが重なったことにより、実際に朝鮮で戦った清正たち武断派と、文治派が対立。その憎しみは文治派のリーダーにして秀吉の懐刀・石田三成へと向けられたのだった。

秀吉が死去したことにより、清正はすぐに帰国するが、ここで台頭してきたのが徳川家康である。秀吉への恩義を誰よりも強く感じている清正だったが、三成とのあいだにできた溝はあまりにも深かった。清正は家康と親密な関係を築くようになり、天下分け目の「関ヶ原の戦い」では東軍に協力。清正は九州に残り、小西行長の居城・宇土城や、立花宗茂の居城・柳川城などを開城するなど、西軍に与した諸侯を次々と打ち破り、東軍の勝利に貢献したのである。

その後は家康との関係を保ちながらも、豊臣家を守るために奮闘。二条城での家康と秀吉の息子・豊臣秀頼の会見の間を取り持ち、和睦を成立させる。しかし、気苦労が祟《たた》ったのか、その帰路に突然発病し、肥後に帰り着いたもののそのまま帰らぬ人となった。享年五十。自分を拾ってくれた秀吉のために戦い続けた人生であったが、まさか最後に家康の天下取りに協力することになってしまうとは……。

朝鮮出兵がなければ、三成さえいなければ……。どうしようもない思いが何度も心をよぎり、その度に自責の念に駆られたことだろう。なお、清正の死の原因については諸説があるが、豊臣への忠誠心を危険視した家康が毒殺したとの説もある。真相は闇のなかだが、十分に考えられる話ではないだろうか。

福島正則

秀吉・家康の天下取りに貢献した「賤ヶ岳七本槍」の筆頭

一五六一〜一六二四年

■豊臣秀吉の天下取りに貢献

福《ふく》島《しま》正《まさ》則《のり》は豊臣秀吉と従兄弟の関係にあり、その縁で幼くして秀吉に仕えていた。このころの秀吉は、すでに織田信長軍団のなかで存在感を大きくしており、若い正則も重要な合戦の多くに参加。優れた武才を発揮して、次々と戦功をあげる。特に、秀吉と柴田勝家が織田家の後継者をめぐって争った「賤ヶ岳の戦い」では、一番槍に一番首という抜群の活躍を見せ、秀吉方で功名をあげて「賤ヶ岳の七本槍」の筆頭という名誉を受けている。

その後も四国、九州、小田原、そして朝鮮に至るまで、主君・秀吉のためにどこへでも赴き戦い続けた。豊臣政権の繁栄は、正則にとっても半生をかけた大仕事だったのである。

そんな正則には、どうしても馬の合わない人物がいた。豊臣政権の五奉行のひとり、石田三成である。秀吉の家臣同士ではあったが、武をもって正義とする正則は、

第二章◆◇武に正義を求めた猛将たち
福島正則

知謀の将・三成を憎んでさえいた。秀吉が死亡して従うべき存在がいなくなってしまうと、いよいよふたりの確執は激しさを増し、ともに歩むことができなくなる。

特に正則の憎しみは凄じく、失敗に終わったものの三成の屋敷を襲撃するほど。やがて三成を失脚へと追い込む徳川家康に接近し、「関ヶ原の戦い」が起こると家康に味方することを公言。東軍の先鋒として自慢の武勇を見せつけ、三成の西軍を壊滅に追い込んだのである。

こうして念願の三成打倒を果たした正則ではあったが、結果として徳川の家臣となり、かつてあれほどまでに尽くした豊臣家と敵対する存在となっていく。

■仲介の労がアダとなり、不遇の晩年を送る

新たな天下人となった家康は、豊臣家からすべての権力を奪うべく画策するようになる。すでに徳川家臣として所領を得ている正則だが、古くから豊臣家を盛り立ててきた身としてこの状況は辛い。できれば自分が徳川家と豊臣家の仲介役となり、豊臣家を存続させたいと考えていた。

秀吉の後継者・豊臣秀頼が病に伏せたと聞けば見舞いに参上したほか、家康と秀頼の会見実現にも尽力。以前は武力ですべてを屈服させてきた正則も、この時期は両家の緊張を解消すべく慎重に動いていたのである。

しかし、豊臣家への忠義をいまだ厚くする正則の態度を、家康が気に入るはずも

ない。いつ反旗を翻すともしれない危険分子と見なされ、飼い殺しの状況に置かれていく。「大坂の陣」では何度も調停を試みるもかなわず、出陣さえ許されないまま遠く江戸で豊臣家滅亡の報を聞くほかなかったのである。

　そして忠義を尽くすべき豊臣家がなくなっても、正則の不遇は変わらない。徳川秀忠の代になったとき、居城を修理したことが法令違反だと問われた。事前に修理の届けを出していたにもかかわらず、しかも雨漏りする部分をほんの少し直しただけ。修理箇所を破却する条件で許されるはずだったが、これも不十分だと責められた福島家は、左遷され所領も減らされる憂き目を見た。

　ほとんど言いがかりに近いこの処罰は、正則がいまだ過激派の危険分子と見なされており、力を蓄えることを幕府が恐れた結果であった。

　そして左遷先で寂しい晩年を送っていた正則は、一六二四年にこの世を去る。享年六十四。以降も福島家は没落の一途を辿ったが、いくら冷遇されようとも律儀に幕府の命に従った正則の意思を守るように、彼の子孫もまた幕府に反旗を翻すことはなかったという。

　かつて秀吉の躍進に貢献し、また家康の天下取りの力にもなった正則の武勇は、皮肉にも泰平の世のなかで排除されるべき存在にあった。そのなかで政治という新しい力に従い、あえて武力に訴えることをしなかったのは、正則の武士としての最後の意地だったのかもしれない。

鉄甲船で毛利水軍を打ち破った忍者大名

滝川一益

一五二五～一五八六年

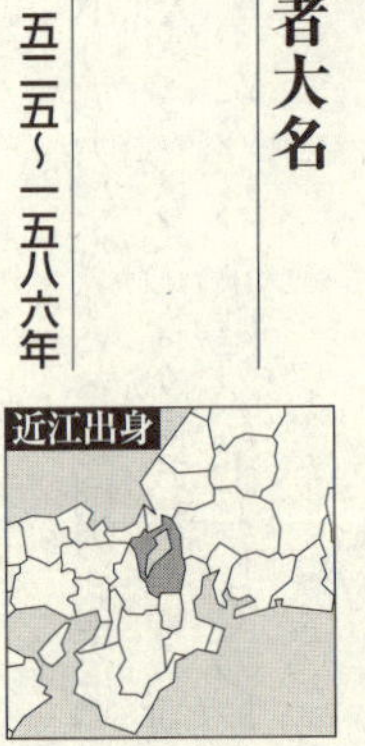

■「本能寺の変」を境に運命が急変

滝川《たきがわ》一益《かずます》の出自については現在でも諸説があるが、近江国（現在の滋賀県）甲賀の土豪・滝川資清の次男として生まれたというのが通説とされているようだ。

一益は当初六角氏に仕えたが、尾張（現在の愛知県西部）で織田信長が台頭してくると、信長に仕えるようになった。信長に早くから才能を認められた一益は、伊勢（現在の三重県中部）・北畠氏との戦いで功績をあげ、長島城城主となった。

こののち、「三方《みかた》ヶ原の戦い」や伊勢・長島の一向一揆討伐、「長篠の戦い」、「石山合戦」などに従軍して戦功をあげたが、特に「石山合戦」では鉄甲船を仕立てて毛利水軍を撃ち破り、石山本願寺への輸送路を断ったことで、信長から賞賛されている。

信長が武田氏を滅ぼすと、一益は信濃（現在の長野県）と上野《こうずけ》（現在の群馬県）を任されるが、この直後に「本能寺の変」が起きて信長が横死してしまった。

信長が死去すると、これに乗じた北条氏の軍勢が上野へ侵攻してくる。一度は北条軍を押し戻した一益だったが、再度侵攻を受けて大敗し、やむなく伊勢の領国へ撤退した。

しかし、この撤退のために一益は信長の弔い合戦にも参加できず、豊臣秀吉の指令で、信長の後継者を決める話し合いであった「清洲会議」への出席も許されなかったのである。

こののち、一益は秀吉と対立した柴田勝家に味方し、信長の家臣としての意地を見せるも敗北して降伏。秀吉と徳川家康が争った、「小牧・長久手の戦い」のあとに出家して茶道にいそしみ、秀吉を招いて茶を振舞っている。

肩肘を張っていた一益も、出家してやっと心穏やかになれたのだろう。

池田恒興

信長と秀吉を補佐した「信義」の武将

一五三六〜一五八四年

■時勢を見抜く力のあった忠臣

織田信長に仕え、豊臣秀吉を補佐した池田《いけだ》恒興《つねおき》は、偉大なふたりの天下取りにおいて、常に重要なポジションを任されていた。恒興の母は信長の乳母であり、二歳年上の信長は恒興の乳兄弟にあたる。幼いころから織田家の小姓として仕え、家督を継いだ信長とともに、尾張（現在の愛知県西部）統一戦や「桶狭間の戦い」、美濃（現在の岐阜県南部）攻略戦に参陣。特に一五七〇年の浅井・朝倉連合軍との「姉川の戦い」では、小隊の指揮官として活躍し、犬山城城主となっている。

信長が急速に領土を拡大していったとき、主だった戦いには必ずといっていいほど恒興がいた。信長が尾張の支配権を嫡男の織田信忠に譲ると、これを補佐する信忠軍団の一員を形成する。信長と離れる形になったが、恒興は甲斐（現在の山梨県）の武田信玄の侵攻を抑える重要な役割をその最前線で任されたことになる。信長は、譜代家臣であると同時に乳兄弟の恒興を厚く信頼していたのである。

　ところが、明智光秀の謀反で信長が本能寺に倒れ、その関係は突然終わる。恒興はすぐに豊臣秀吉と合流して、光秀軍を撃破。
　信長の仇討ちを果たすと同時に織田家の宿老に名を連ねたが、自身の天下取りには興味がないかのごとく、秀吉を補佐する立場を選んだ。時勢を見る目があったのか、信長の次男・織田信《のぶ》雄《かつ》が徳川家康とともに秀吉に対抗したときも、かつての主君の忘れ形見より秀吉に味方した。
　結果、恒興はこの戦いで家康に敗れて戦死。享年四十九。一度信じた人間に決して背くことなく生涯を閉じた。
　主君と自身に忠実であり続けることこそ、彼が自らに課した正義だったのかもしれない。

加藤嘉明

水軍の指揮にも長けていた知勇兼備の武将

一五六三〜一六三一年

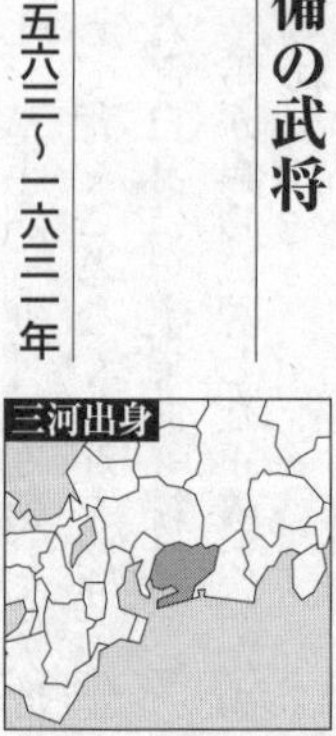

■大坂の陣に参戦してようやく家康の信任を得る

加藤《かとう》嘉《よし》明《あき》は三河（現在の愛知県東部）の徳川家臣、加藤家の長男として生まれた。ところが嘉明の父が一揆の際に徳川家に背いたことで、出生後間もなく放浪の身になる。

その後、近江（現在の滋賀県）に流れた嘉明を拾ったのが、織田家臣の豊臣秀吉である。しばらくは秀吉の養子・秀勝の小姓として仕える日々を送っていたが、幼くして諸国を放浪した経験がそうさせたか、すでに嘉明は武士としての目覚めを迎えていた。主の秀勝に無断で、秀吉の遠征に参加してしまったのである。しかし、秀吉は怒らなかったばかりか嘉明の勇気を気に入り、以降は重用するようになる。

秀吉の抜擢に、嘉明は十分すぎるほどの武功をもって応えた。特に柴田勝家との間で争われた「賤ヶ岳の戦い」では、猛将として名を馳せていた加藤清正や福島正則らとともに「賤ヶ岳七本槍」のひとりに数えられるほどの活躍を見せた。また、

水軍の指揮に長けており、国内はもとより朝鮮まで勇猛果敢な武将としてその名は轟いたのであった。
秀吉死亡後の「関ヶ原の戦い」では徳川家康に味方し、東軍を勝利に導く活躍。しかし、豊臣恩顧の武将として警戒される存在にあった嘉明は、徳川家への恭順を新たにすべく「大坂の陣」に参加。かつての主家に刃を向け、ようやく家康の信頼を得たのである。
その後は六十九歳でこの世を去るまで、領地で見事な政治手腕も発揮した。嘉明に豊臣恩顧の重臣という背景がなければ、この文武両道の才能は泰平の世でもっと輝いたであろう。
出身地の三河は徳川の故郷でもあるだけに、幼くして放浪したことは運命の悪戯としかいいようがない。

調略に秀れ、交渉役として手腕を発揮した秀吉股肱の臣

蜂須賀小六

一五二六〜一五八六年

■豊臣秀吉のために、生涯その力を振るい続ける

一般的に知られる「小六」は通称で、本名を蜂須賀《はちすか》正勝《まさかつ》といい、尾張（愛知県西部）の国人領主の家に生まれた。

小六は、木曽川を利用した水運業を生業としていたようで、川沿いに勢力をもっていた「川並衆」の頭目だったともいわれ、はじめは美濃（現在の岐阜県南部）の斎藤氏に仕えていたが、のちに織田氏に仕えるようになった。

織田信長の配下となってからは、「桶狭間の戦い」にも参加して軍功をあげ、信長が美濃・斎藤氏の攻略を開始すると、斎藤方の調略に貢献したという。

こののち、豊臣秀吉のもとに配属となり、長島一向一揆の鎮圧や浅井・朝倉連合との戦いなどに参加して武功をあげた。

なお、小六と秀吉はかねてからつき合いがあり、信長はあまり好きではなかったが、秀吉の部下としてなら働こうということで、家臣になったともいわれている。

「本能寺の変」で信長が倒れたのち、小六は秀吉の股肱の臣として、交渉役としてもよく働き、また「山崎の合戦」や「賤ヶ岳の戦い」にも参加した。「小牧・長久手の戦い」では、大坂城の留守役を任されており、秀吉からの信頼ぶりがうかがえる。

こうして秀吉のために尽力した小六だったが、「四国征伐」ののち病に倒れてしまう。秀吉から阿波（現在の徳島県）一国の領有を許されたが、小六はこれを辞退して息子に譲ると、翌年の一五八六年に大坂で亡くなった。講談や『太閤記』に見られる小六は、山賊の親分といった荒々しさが目立つ。

しかし、実際は戦場で働くだけでなく、政治面でも才能を発揮した、文武に秀でた人物だったようである。

吉川元春

七十六戦して不敗、「毛利の両川」の一翼

一五三〇～一五八六年

■毛利家興隆の原動力となる

吉川《きっかわ》元春《もとはる》は元の名を毛利元春といい、安芸（現在の広島県西部）を中心に中国地方全域を支配することになる毛利元就の次男として生まれた。優秀な兄弟とともに育ったことで、幼いころから非凡な武才を垣間見せており、元服もしていない十歳のころに初陣を飾っている。その後、元春は安芸国人の吉川《きっかわ》氏の養子となって吉川元春と名乗る。間もなく家督を継いで当主になると、元就の策略もあって完全に吉川家を掌握。同じように養子から小早川家の当主となった実弟・小早川隆景とともに、宗家を支える「毛利の両川」として活躍することになる。

ここから毛利一門は中国地方の新興勢力として拡大。大内氏、尼子氏というライバルがいたが、一五五五年には大内氏を破り、尼子氏を十年に渡る激戦の末に降伏させた。この間、吉川軍は次々と戦功をあげており、元春は一門きっての勇将として名を馳せている。元就とその息子たちは揃って名将と呼ばれたが、こと武才に関

しては元春がもっとも優れていた。
こうして中国地方の最大勢力となった毛利一門であったが、これまでにない強大な敵と対面することになる。織田信長の重臣・豊臣秀吉の軍である。元春はここでも果敢に戦い、幾度となく秀吉軍を押し返すも、圧倒的な力の前に劣勢は明らか。
「本能寺の変」が起こって一時は和睦を結ぶが、やがて天下人となる秀吉に一門は降るのであった。
その後、秀吉の「九州征伐」に参加した元春は、陣中で病に倒れる。享年五十七。生涯七十六度の合戦で負け知らずという天下無双の武将も病には勝てなかった。侵略者である秀吉のもとで戦った屈辱は、戦いでの敗北以上に元春を苦しめていたのかもしれない。

立花道雪

生涯不敗のまま戦陣に散った豊後の「雷神」

一五一三〜一五八五年

■半身不随もハンデにならぬ武の天才

立花《たちばな》道雪《どうせつ》と名乗るようになったのは、彼が五十歳になろうかというころ。それまでの名を戸次《べっき》鑑連《あきつら》といい、豊後（現在の大分県）大友氏の一族である戸次家の生まれであった。弱冠十三歳にして初陣に臨み、数に勝る中国地方の雄・大内氏を圧倒。豊後にとてつもない武将がいると、その武才は早くから有名になった。

以降、生涯三十七度の戦いのすべてに勝利を収めて「鬼道雪」と恐れられる存在となるが、輝かしい戦績からは考えられない障害を持っていた。若いころに落雷を受けた影響で、半身不随に陥っていたのである。足が動かず馬にも乗れない者は、普通なら出陣などできないが、彼は違っていた。家臣に輿を担がせて、指揮をとる。格好の標的にされながらも勇敢に采配する姿は、敵方からも一目置かれるところとなり、大友氏躍進の原動力となったのであった。

道雪が仕えた大友氏は、一五五〇年に大友宗麟が当主になってからさらに隆盛の

一途をたどる。宗麟は父とのお家騒動の末に家督を手に入れた人物であったが、領土拡大においても強引な方針を立てていった。道雪は主君の暴走を止めることに尽力するも、宗麟はもっとも危険な島津氏との合戦を決断。結果、大友氏はこの戦いに大敗し、これをきっかけに衰退することとなる。

こうした苦しい状況下でも、道雪は老体に鞭を打って各地を転戦。大友領の確保に努めていたが、高齢と病によって、肉体は悲鳴をあげはじめていた。そして龍造寺勢と交戦していた陣中にて、七十三歳の老将はついに倒れる。

敵方の将・鍋島直茂でさえもその死を悼み、大友軍への追撃は行わなかったという。道雪は敵味方双方から敬意を集め、生涯不敗のまま陣を去った。

立花宗茂

九州が生んだ天下無双の快男児

一五六七〜一六四二年

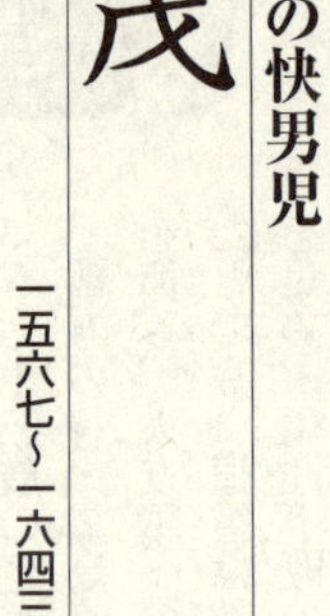

■天下人も愛したその才能

立花《たちばな》宗茂《むねしげ》は、豊後（現在の大分県）大友氏の重臣・高橋紹運《しょううん》の長男として生まれた。父の紹運は武勇に優れ、大友氏の隆盛を支えた名将であり、高橋家の後継者として宗茂には大きな期待をかけていた。実際、宗茂は幼少のころからその才能の片鱗を見せており、家中での評判もうなぎのぼり。ついには大友家臣最大の実力者、「鬼道雪」こと立花道雪から養子にほしいとまでいわれるようになっていた。

紹運は大切な跡取りを手放したくなかったが、男子がなかった道雪の必死の懇願に負け、宗茂は立花家の養子に入ることが決まったのである。

この厳しくも優れた養父に育てられたことで、もって生まれた才能は見事に開花する。養子に入った一五八一年に初陣を飾ると、一五八四年には二人の父の留守を狙って攻めてきた秋月氏の大軍を追い返す活躍。このころの大友氏は衰退しはじめており、養父・道雪も病死してしまうという苦境に立たされるが、豊臣秀吉の「九

州征伐」に乗じて勢力を回復して見せた。この若武者の才能には秀吉も惚れ込み、立花家を傘下に召し抱えている。秀吉の没後、次の天下人を狙う徳川家康もまた宗茂を高く評価した。「関ヶ原の戦い」に向けて味方に引き入れようと口説き続けたのだが、豊臣政権下での恩に報いたい宗茂はこれを拒否。負けを覚悟で西軍につき、戦後は一時的に浪人の身になっている。だが、その才能を諦めきれなかった家康は再び熱心に誘い、西軍についた身としては珍しく、大名復帰を果たしたのである。

一六四三年、七十六歳で天命が尽きるまで生涯無敗を誇った宗茂。道雪、秀吉、家康と、名将たちがこぞって見初めた彼の才能は、混沌の時代にあって常に輝いていたのである。

自らの信念に忠実に生きた豪傑

後藤又兵衛

一五六〇〜一六一五年

播磨出身

■主家との確執から運命の歯車が狂いはじめる

幼少のころに父を亡くした後藤《ごとう》基次《もとつぐ》（通称・又兵衛）は、父の友人である黒田官兵衛に引き取られる形で黒田家臣となった。勇敢に育った又兵衛は恵まれた体格をもち、「槍の又兵衛」と呼ばれるほど槍術に長け、世に響く豪傑へと成長する。

ところが一五七八年、又兵衛は思わぬところで黒田家から追放されることになる。織田信長の家臣であった荒木村重が謀反を起こし、その説得に訪れた官兵衛を幽閉する事件が勃発。その際、又兵衛の一族が村重方に属したため、又兵衛はその責任を取って黒田家から退去するほかなくなってしまったのである。

この境遇を不憫《ふびん》に思い、又兵衛を黒田家に復帰させようと尽力したのは官兵衛の子・黒田長政であった。長政は又兵衛を「自分の右腕である」とまで高く評価しており、召し返したあとも家老並みの処遇を与えたほどである。又兵衛もその恩に報いるべく、黒田家に仕えて各地で奮戦。全身を傷だらけにしながら、「朝鮮出兵」

や「関ヶ原の戦い」といった大舞台で活躍してみせたのであった。

しかし、又兵衛と長政の性格が合わなかったのか、官兵衛の死後に又兵衛は黒田家を出奔してしまう。これに激怒した長政は、法令で他家への仕官を妨害。又兵衛をほしがる大名は多くても、浪人になるほかなかったのである。

その後、「大坂の陣」が起こったとき、徳川家康は破格の待遇で又兵衛を引き入れようとした。しかし、又兵衛は豊臣家への恩義を立て豊臣方につき、奮闘の末に非業の死を遂げる。この戦いで、又兵衛の仕官をことごとく潰していた長政は徳川方にあった。黒田家に仕え続けていれば先の人生もあったであろうが、又兵衛は自らの意地に従って散る運命を選んだのである。

井伊直政

天下に轟く「井伊の赤備え」

一五六一〜一六〇二年

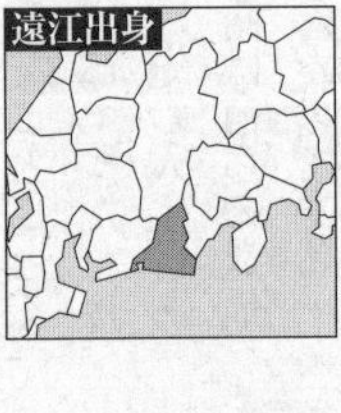

■戦国屈指の精鋭部隊を引き継ぐ

徳川家康に仕え、戦国最強の武将のひとりに数えられる井伊直政《いいなおまさ》であるが、その人生のはじまりは波乱に満ちたものであった。井伊家は代々、遠江（現在の静岡県西部）の国人領主を務めており、今川氏に仕えていた。しかし、直政の祖父が今川義元とともに「桶狭間の戦い」で散ると、直政の父は謀反の嫌疑をかけられて処刑。幼い直政も今川氏から命を狙われる身となってしまった。

この境遇にあった直政を拾ったのが、隣国三河（現在の愛知県東部）の大名であり、のちに直政が終生をかけて仕えることになる徳川家康である。直政は家康の小姓として仕えつつ、武田氏との抗争で戦果をあげていく。二十二歳にしてようやく元服すると旗本に昇進。武勲のみならず政治手腕も発揮するようになり、家康からの信頼は日に日に増していくのであった。

その後、武田氏が滅亡すると、直政は武田旧家臣を束ねる任を受け、猛将で知ら

れた山県昌景の「赤備え」を継承。自身の才能と鍛えあげられた部下とで、戦国屈指の精鋭部隊として、「井伊の赤備え」は一躍天下に知られるところとなったのである。
「小田原征伐」でも「関ヶ原の戦い」でも、戦場では常に赤い部隊が先陣を切って躍動した。なにしろ、直政は陣で大人しく指揮するタイプではなく、過激な性格そのままに自ら前線で戦うことを好んだ。おかげで重装備でありながら生傷が絶えなかったが、こうした戦い方で功をあげたからこそ異例のスピード出世を果たしたのである。
もっとも、その代償であったか、戦場での傷が原因で病にかかり、四十二歳の若さで死亡。まさに身を削って家康の天下取りに尽くした男である。

豊臣秀吉に喧嘩を売った三河の勇将

榊原康政

一五四八〜一六〇六年

■裏切りと権力争いを嫌った剛直な性格

榊原《さかきばら》康政《やすまさ》は三河（現在の愛知県東部）の徳川氏傘下の家に生まれた。幼くして徳川家康に見出されると、国内の一揆鎮圧に貢献。家康から「康」の一字をもらい受け、このときから康政と名乗るようになった。十九歳で元服すると旗本に任命され、同年齢の本多忠勝とともに武功を重ねていく。

徳川軍の主だった戦いに従軍して数々の武勲をあげていた康政は、すでに家康から高い評価を得ていたが、その名を全国に知らしめたのは一五八四年のことである。

二年前に織田信長が「本能寺の変」で散り、その後継者の地位を狙って豊臣秀吉が台頭していた。誠実な性格の康政にしてみれば、織田家を乗っ取ろうとする秀吉の行動は許せるものではない。家康が対立を明らかにしたこともあって、康政は秀吉を激しく非難する高札を立てる。これを知った秀吉は怒り、「康政を討ち取った者には十万石を与える」と宣言。徳川の一家臣が売った喧嘩を秀吉が買い、賞金首

に仕立てあげたのである。康政の名は天下に轟くこととなり、秀吉軍との戦いでも目覚しい活躍をして見せた。
以降は「小田原征伐」で優れた戦いぶりを発揮したが、これを最後に康政の目立った武勲はない。同僚の本多忠勝や井伊直政が、「関ヶ原の戦い」で奮闘していたとき、康政は徳川秀忠に従軍して関ヶ原を目指すが、本戦に間に合わないという失態を犯したのだ。
関ヶ原後、康政は長年の功績によって老中に昇進するが、政治の第一線から遠ざけられるという冷遇を受ける。
しかし、醜い権力争いを嫌い、常に誠実であり続ける勇将は、新時代に必要とされないと見るや潔く身を引いた。その生き様は、まるで時代が拓くまでの仕事人のようであった。

闇の歴史を操った忍者部隊の頭領

服部半蔵

一五四二〜一五九六年

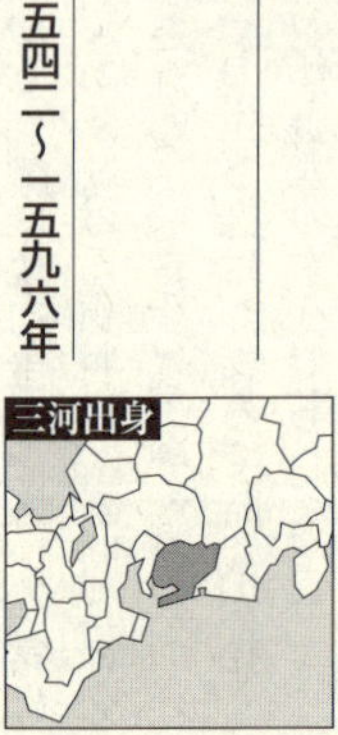

■忍者を統率して家康最大の危機を救う

服部半蔵《はっとりはんぞう》の父・服部保長《やすなが》は伊賀（現在の三重県西部）出身の忍者であったが、徳川家康の祖父にその腕を気に入られ、三河（現在の愛知県東部）で徳川家臣となった。保長の息子・服部正成《まさなり》も徳川家に仕えるようになり、やがて成長した正成は服部家の家督を譲り受けると同時に、服部家歴代当主の通称である「半蔵」の名も継承。この男こそ、徳川十六神将のひとりに数えられる服部半蔵である。

半蔵は優れた槍の名手と知られており、父のように忍者としてではなく、武将として徳川家康に仕えることとなる。そして浅井・朝倉連合軍と戦った「姉川の戦い」や、武田家と争った「三方ヶ原の戦い」では、槍使いの才能を存分に発揮。「鬼半蔵」と称されるほどに、その実力を諸国に知らしめたのである。

こうして家康から高く評価されていたが、より厚い信頼を得るきっかけになったのが、「伊賀越え」と呼ばれる出来事であった。一五八二年、家康が少数の配下を

連れて堺に滞在していたとき、「本能寺の変」が起こって織田信長が死亡。信長と同盟関係にあった家康も命を狙われる立場となり、わずかな手勢で三河まで帰還するのは絶望的。この状況で半蔵は敢然と先導を名乗り出て、地元の忍者をまとめ一行の脱出路を密かに確保。三河帰還に大きく貢献した。家康はこの事件をきっかけに忍者の卓越した実力を知り、忍者衆を編成。半蔵にこれを統率する大役を任命した。

その後の半蔵が歴史の表舞台で語られることは少ないが、徳川十六神将に数えられ、現代なお残る半蔵門の地名も彼の功績によりつけられた。

これらの処置から見て、家康が考える徳川幕府設立最大の功労者は半蔵だったのかもしれない。

天才軍師の血をひく武勇と知略を備えた名将

黒田長政

一五六八〜一六二三年

■全力で勝ち取った天下人からの信頼

豊臣秀吉が抱える天才軍師・黒田官兵衛《くろだかんべえ》。その嫡男として生まれたのが黒田長政《くろだながまさ》である。生まれながらのエリートのようであるが、長政の幼少期は織田信長に人質としてその身を預けられており、官兵衛が信長を裏切ったという疑いがかかり危うく処刑されそうになるなど、安定した暮らしとは程遠かった。

長政が武将として成功していくのは、信長が「本能寺の変」に散り、父・官兵衛が秀吉の天下取りを補佐するようになってからのことである。

一五八二年に信長が倒れたあと、黒田親子は豊臣家臣となり、父は天才的な知略で名を高め、一方の長政は武勇をもって台頭していった。天下人へ勇躍する秀吉の勢いそのままに、長政も数々の戦場に赴いては武功を重ねたのである。一五八九年には隠居した父から家督を相続すると同時に甲斐守（現在の山梨県）を叙任。このスピード出世には、単に官兵衛の嫡男というだけでなく、長政が戦場で見せた活躍

が背景となっていた。なにしろ戦場では単騎駆けで敵兵を蹴散らしてまわるほど先を争って敵を倒し、武勲をあげては出世につなげる猛者《もさ》であった。

こうして武をもって出世を果たした長政は、さすが智謀の将・黒田官兵衛の子というべきか、一介の武者に終わる器ではなかった。秀吉が死亡したあと、すぐさま徳川家康に接近していく。「関ヶ原の戦い」では、西軍諸将を寝返らせる事前調略を地道に進め、戦場での奮闘を含めて東軍随一の功績をあげる。結果、外様としては破格の待遇で幕府に重用されるようになる。

長政には父のような天才的な発想はなかったが、武と智略両面での生真面目な働きは、父さえ成しえなかった黒田家の繁栄をもたらしたのであった。

高坂昌信

退く勇気と冷静な判断で信玄に寵愛された「逃げ弾正」

一五二七～一五七八年

甲斐出身

■農家の出身から武田四天王へ

高坂《こうさか》弾正《だんじょう》こと高坂昌信《まさのぶ》は、甲斐（現在の山梨県）の豪農の家に生まれた。十六歳にして身寄りがなくなった際、武田信玄に見出されたことから、彼の人生は大きく変わることになる。

当初は使い番として仕えていたが、信玄の寵愛を受けていたこともあり異例の早さで出世していく。仕官から十年経つころには騎馬百五十騎をもつ侍大将に昇進。勉学にも通じていたことから、信玄は一城を任せるほど彼を信頼していた。しかも、その城は海津《かいつ》城といい、信玄の最大のライバルである上杉謙信に対する最前線の要所。ここで謙信の侵攻を食い止めつつ、領地をまとめあげるという大役である。家中でももっとも厳しい任務のひとつだったが、信玄は彼の才能に並々ならぬ信頼を寄せていたのであろう。事実、治世の首尾は上々だった。

謙信との激闘が重ねられた「川中島の戦い」においても、海津城を武田軍の拠点

として機能させることに成功した。
やがて昌信は武田家随一の兵法家と呼ばれるようになるが、その采配は他の家臣の作戦とは異質であった。一五七三年に織田・徳川連合軍を撃退後、追撃戦への意見が圧倒的多数を占めるなか、昌信だけは敵地へ深追いしたときの消耗戦を予想して撤退を進言。この分析力と慎重さこそ、「逃げ弾正」と呼ばれる所以である。臆病にも聞こえるこの異名だが、名だたる武田家臣のなかでも退く勇気と冷静さをもち合わせていたのは彼のみといっていい。
こうして武田四天王に数えられる出世も果たしたが、信玄亡きあとに衰退する武田家は彼にも支えきれなかった。そして主家滅亡の直前、苦悩のなかで五十二歳の生涯を閉じた。

佐久間信盛

一五二八～一五八二年

■織田家筆頭家臣から転落した悲哀

織田家臣の佐久間《さくま》信盛《のぶもり》は、織田信秀とその嫡男・織田信長に仕えた。家臣団のなかでも古参にあり、信長の幼少のころから支えている。信長が織田家の家督を相続する際にも尽力し、やがて家臣団の筆頭格として扱われるようになったのである。

また、戦場でも結果を残し、特に殿軍の指揮を得意としていたことから「退き佐久間」の異名をとり、信長の主だった合戦すべてで活躍。織田軍団が中央を席捲しているあいだ、信盛は非の打ち所のない重臣として君臨していたのである。

風向きが変わったのは、一五七二年に武田軍と争ってからのこと。信盛隊は苦戦している徳川家康の援軍に向かったが、武田家の大軍を前に戦意喪失。大敗の原因をつくってしまった。その後も、家中最大規模の軍団を率いて本願寺攻略の任に就くが、目ぼしい成果を残せない。筆頭家臣であろうと、この失態を実力主義の信長が許すはずもなく、ついに一五八〇年に追放処分とされたのである。

信盛の晩年は一族郎党にも見放され、五十五歳で寂しくこの世を去った。信長に敵対した諸大名よりも、その恐ろしさを痛感したのは信盛だったのではなかろうか。

佐久間盛政

一五五四〜一五八三年

■剛直一途に生きた鬼玄蕃

佐久間盛政《さくまもりまさ》の生まれは尾張（現在の愛知県西部）。織田家配下、佐久間氏の一門である。家中きっての巨漢で武芸に秀でていた盛政は、十四歳での六角氏攻めの初陣を皮切りに、次々と戦功をあげていった。さらには北陸担当となった叔父・柴田勝家に従った一向一揆戦でも際立った活躍を見せ、「鬼玄蕃」の異名をとる。攻めっ気が強く、あらゆる出陣を出世に変えたような男であった。

「本能寺の変」が起こり、のちに勝家と豊臣秀吉とが対立。盛政は勝家に従うことになり、さっそく先陣を切って攻撃に出る。秀吉が本陣を留守にした隙を狙ったこの奇襲は成功したが、秀吉が戻ってくると形成が逆転。先行しすぎた盛政は孤立し、部隊壊滅の後に落ち延びようとするも、賞金目当ての農民に捕まってしまう。

秀吉は盛政の武勇を惜しんで配下に召し抱えようとしたが、これを断固拒否して処刑を望んだ。しかも、派手な衣装を身に纏《まと》って市中引き回しという処刑方法を希望し、散りの美学を求めたのである。この希望は受け入れられ、剛直一途に走り続けた三十年の人生を象徴するかのように、その最期を飾ったのであった。

丹羽長秀

一五三五～一五八五年

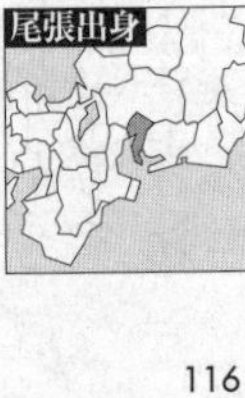

■織田信長が「友」と呼んだ文武の人

織田信長のもと、家中五指に数えられる重臣となった丹羽《にわ》長秀《ながひで》。彼には五郎左衛門の通称にちなみ、「鬼五郎左」と「米五郎左」というふたつの異名があった。「鬼五郎左」は重ねあげた武功からつけられており、遊撃部隊として味方を支援する役割が多かったものの、戦場では鬼の名に相応しい猛将ぶりを見せていた。一方の「米五郎左」は、軍事だけでなく政治面でも手腕を発揮したことから、織田家にとって米のように欠かせない存在としてつけられた。信長はこの真面目で才能ある家臣を友と呼ぶほどに信頼し、長秀もまたそれに応え、忠義を尽くすことに喜びを感じたのである。

信長亡きあと、豊臣秀吉と柴田勝家が対立すると、長秀は秀吉に協力した。織田家の未来を思う心は秀吉も同じと信じてのことであったが、やがて秀吉は自らの野望のために織田家をないがしろにしていく。利用されたと気づいたときにはもう遅く、織田家衰退に加担してしまった苦悩のなか、五十一歳で死去。大きな失敗と無縁だった長秀にとって、秀吉に加担したことは生涯最大の選択ミスであった。

金森長近

一五二四～一六〇八年

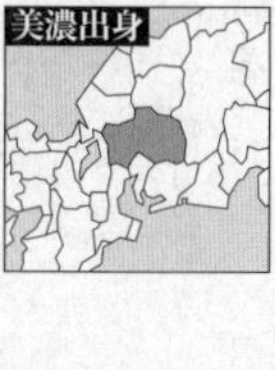

■数々の武勲の末に築いた文化人の顔

千利休と親交があり、茶人としても著名な金森長近《かなもりながちか》。しかし、彼が乱世で名を残せたのは、やはり武人としての活躍があったからにほかならない。

十八歳のころから尾張（現在の愛知県西部）の織田信秀に仕えていた長近は、その子・織田信長が飛躍するに従って活躍。信長の新鋭部隊である赤母衣衆《あかほろしゅう》に抜擢されると、武田氏との「長篠の戦い」や一向一揆の鎮圧で武功をあげ、重臣・柴田勝家の傘下に配属される形ながら領地と城を与えられる出世を果たしたのである。

命ぜられるままに戦い出世を果たした長近であったが、一五八二年に信長が倒れたあとは、時代を生き抜く決断を迫られる連続であった。勝家と豊臣秀吉が対立した当初は勝家についていたものの、秀吉有利と判断してか、兵を退いて秀吉に従う意思を表明。これによって秀吉の天下でも変わらぬ地位を得ることができた。

のちの「関ヶ原の戦い」では、徳川家康の東軍に参加して勝利に貢献すると、大名へと昇進。八十五歳という長寿をまっとうできたのも、天下を握る実力者を見抜く眼力と、そのもとで働くだけの実力をもっていたからであろう。

九鬼嘉隆

一五四二〜一六〇〇年

■無敵の鉄甲船を率いた水軍の将

九《く》鬼《き》嘉《よし》隆《たか》の一族は志摩（現在の三重県東部）の有力な地頭であったが、ほかの地頭に土地を追われたことで織田信長に仕えるようになった。

その後、織田家と北畠家の抗争には、九鬼一族が得意とする水軍を率いて参戦。かつて自分を追放した志摩の地頭勢と北畠家を打ち破り、正式に織田軍の一員になると同時に、志摩復帰を果たしたのであった。

ここで嘉隆の水軍は武功を重ねていくが、一五七六年、石山本願寺に協力した毛利水軍に大敗を喫してしまう。次々と船を焼かれた屈辱を教訓に、嘉隆は燃えない軍船・鉄甲船を考案。毛利水軍との再戦で、六百隻を相手に圧倒的勝利を飾ったのであった。信長の後継者となった豊臣秀吉のもとでも無敵の九鬼水軍は健在で、「朝鮮出兵」でも水軍の総大将として参戦。日本一の水軍の将として君臨する。

ところが「関ヶ原の戦い」では西軍に参加し、息子の九鬼守隆が東軍につくという事態が起こる。これはどちらが勝っても九鬼家を存続させるための策。西軍が敗れ嘉隆は自害するも、したたかに一族を守り、後世は海賊大名として称えられた。

三 稲葉一鉄

一五一五〜一五八九年

■頑固一徹に生きた美濃の勇将

美濃（現在の岐阜県南部）斎藤氏に仕える稲葉《いなば》一鉄《いってつ》は、安藤守就《もりなり》と氏家直元とともに美濃三人衆と呼ばれる重臣であった。しかし、斎藤龍興《たつおき》の代になると一向に信頼を築けない当主を見限り、三人衆は揃って織田家に出奔。かつて仕えた斎藤家を滅ぼすに十分な活躍を見せると、その後も各地で武功を重ねる。織田家臣団では新顔にあたるものの、その経験と実力はすぐに評価されたのであった。

一五八二年に織田信長が死亡すると、一鉄のなかでくすぶっていた野望が疼《うず》きはじめる。美濃で独立し、大名になろうと考えたのだ。このとき敵対したのは、かつての盟友で織田家から追放されていた安藤守就。彼もまた美濃で再起を図ろうと、領主の一鉄に戦いを挑んできたのである。一鉄はこれを受けて安藤一族を徹底的に討つのだったが、友を倒したことへの空しさからか、豊臣秀吉に従う道を選んだ。そして一度は抱いた野心を振り払うかのように、秀吉のもとでもよく働いた。

やがて従三位法印に叙任される出世を果たしたあと、七十四歳で死去。自らの信念に従った人生は、法号である一鉄にちなんで「頑固一徹」の語源になっていく。

◎脇坂安治

一五五四～一六二六年

■陸に海に軍才を発揮した豊臣家屈指の猛将

豊臣秀吉のもと、猛将として名を馳せた脇坂安治《わきざかやすはる》。彼はもともと織田軍団・明智光秀の部下であり、敵対していた「丹波の赤鬼」こと赤井直正から武勇を称えられるほどの器であった。しかしその才能を開花させたのは、自らの意思で頼みに頼んで秀吉配下になってから。秀吉と柴田勝家が争った合戦では、福島正則や加藤清正と並んで「賤ヶ岳七本槍」に数えられる活躍。さらに「小田原征伐」では、それまでまったく経験のなかった水軍の指揮を果たしてみせ、「朝鮮出兵」時の奮闘につなげた。彼のあふれる軍才は、秀吉配下の猛者《もさ》の中にあっても突出していた。

秀吉亡きあと、「関ヶ原の戦い」では西軍に属したが、途中で寝返って東軍の勝利に貢献する。ただし、これはその場しのぎの裏切りではない。事前に徳川家康に接近し、東軍に味方することを約束していた。江戸幕府が成ってからは忠義を尽くし、外様としては破格の待遇を受けるも、安治にとって心の主君は秀吉だけだったのであろう。「大坂の陣」では不参加を決め込み、豊臣家滅亡と同時に隠居。豊臣家への恩を胸に秘めたまま、七十三歳でこの世を去った。

真田幸隆

一五一三〜一五七四年

■名家・真田氏の基礎を築いた攻め弾正

勇猛果敢にして忠義厚く、戦乱の世にその名を轟かす真田一族。その祖として戦国時代初期に活躍したのが真田幸隆《さなだゆきたか》である。

信濃（現在の長野県）の豪族・海野《うんの》氏の家系であったとされる真田氏は、その土地の小領主という立場にすぎなかったが、武田氏や村上氏の侵攻によって海野一族が駆逐されると、幸隆は仇であるはずの武田氏に仕えることを選ぶ。前途ある武田氏に臣従して認められれば、旧領に戻れると考えてのことだが、これがズバリ的中した。武田氏の重臣・板垣信方のもとに配属された幸隆は、天賦《てんぷ》の智謀を駆使して貢献。「攻め弾正」と呼ばれるほど家中での存在感を示し、村上氏の砥石《といし》城をわずか一日で攻略する。武田信玄が何度となく猛攻をかけても落とせなかった城を、幸隆は調略を用いてあっという間に乗っ取ってみせたのである。この功績で念願の旧領回復を果たした幸隆は、新参者ながら武田氏譜代家臣並みの待遇も獲得した。

卓越した智謀のみならず、三十箇所といわれる傷を受けて戦場を駆けた猛将でもあった。六十二歳に病で倒れるが、その意思と才能は子孫に強く継承されていく。

木曽義昌

一五四〇～一五九五年

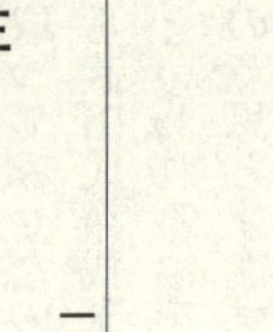

■乱世に沈んだ名門木曽家の当主

木曽氏は信濃（現在の長野県）の名族であるが、木曽義昌《きそよしまさ》の少年期に隣国の武田氏の猛攻にさらされ、その傘下に降っていた。しかし義昌は、武田信玄に尽くすことでその土地を守り、信玄もまた三女を義昌に娶らせて親族衆とする待遇で応えた。信玄からすれば、名門・木曽家の血脈は魅力であり、美濃（現在の岐阜県南部）国境の押さえとしても重要な存在であったわけだが、義昌は実際の戦場でも名だたる武田家の猛将に並ぶ活躍を披露。家中での地位を実力で勝ち取っていった。

ところが、信玄が死亡して武田家が衰えると、いち早く見限って織田信長に内通。人質にあった家族を処刑されながらも、信長に未来を託して武田氏と戦った。結果、武田氏は滅亡するが、その直後に信長が「本能寺の変」で横死する。

ここからも義昌の変わり身の早さは徹底していた。徳川家康に通じ、豊臣秀吉に寝返ったかと思えば、家康に帰参するといった具合に、木曽氏の安定に奔走。しかし、そんな処世術で大成できるわけもない。やがて木曽家没落の兆しを隠せないなか、寂しい最期を迎えたのであった。

柿崎景家

一五一三〜一五七五年

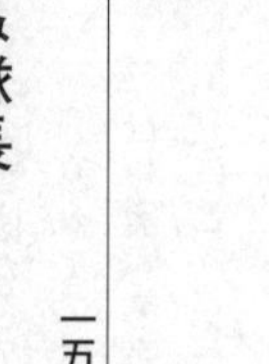

■上杉軍団が誇る無双の斬り込み隊長

越後（現在の新潟県）上杉氏に仕えた柿崎景家《かきざきかげいえ》は、奉行として政務に手腕を発揮した重臣である。しかし、その本領は鬼神の如き戦場での活躍にあった。

猛将揃いの上杉謙信軍団のなかでも三百騎の大将として重用された景家は、ほとんどの合戦で先鋒を務めた。武田氏との「川中島の戦い」でも先陣を切って武田軍本陣に突入し、敵軍の軍師・山本勘介を討ち取るなど壊滅寸前まで追い詰める活躍。ほかにも数々の合戦で武功をあげ続け、やがては彼の名を聞いただけで敵兵が逃げ出すまでになったという。「越後の龍」と恐れられた謙信だが、その合戦には常に景家の活躍があり、主従の信頼関係は固い絆で結ばれていたのであった。

ところが、景家の最期は予期しないところから生まれた。景家が織田信長に内通しているとの噂から、絶対と思われた謙信との主従関係が崩壊。謀反の野心あり、と信じた謙信の命で処刑されてしまったのである。

幾多の戦場を駆け抜けた景家は、敵に討ち取られることのない無双の将であった。しかし、主君に信じてもらえなかったことは、何よりの無念だったに違いない。

◆武将や兵士たちは、どう戦い、いかに敵を討ち果たしたのか

合戦での戦い方

[理想的な戦い]

兵種には左のような三角関係が成り立つ。

遠距離の敵を鉄砲で撃ち、怯んだ所を騎馬で突進。歩兵で仕上げというのが理想的な戦い方なのだろう。

[長所短所により このような関係が成り立つ]

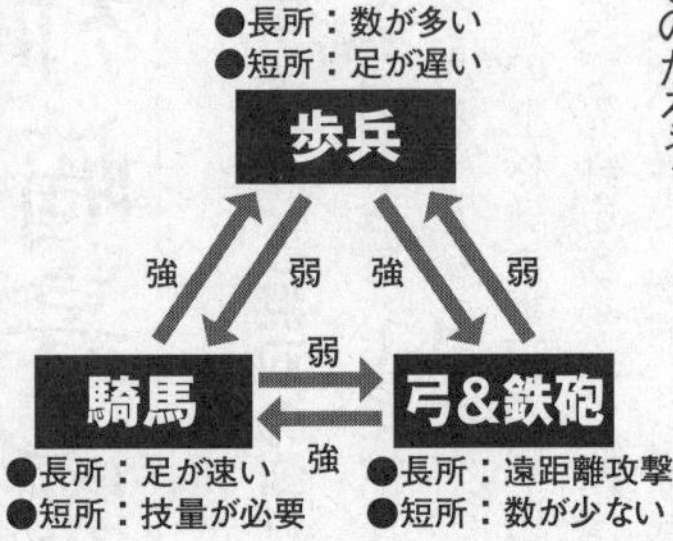

[現実的に考えると……]

戦国時代を題材にしたゲームなどでは、合戦において上記のようなルールが適用されていることが多い。しかし、現実はそう甘くはない。

高性能な鉄砲は数を用意するのは厳しいだろうし、騎馬はあくまでも移動の手段として使用し、実際に戦う際は下馬していたのではないかという説もある。

美術館などで見る屏風にで描かれている合戦図などでは、それこそ騎馬、歩兵が入り乱れての大乱戦がほとんどであるが、やはり実際の戦闘も、このようなカオス状態がほとんどだと思われる。

第三章

誠を貫いた義将たち

表裏定まらぬ世に輝きを見せた高潔な精神

●荒んだ時代だからこそ大義名分が必要

「義」という言葉は、裏切りや下克上が当たり前の戦国時代において、もっとも縁遠い言葉のようにも思える。

だが、いくらそんな荒《すさ》んだ時代だからといって、大名たちもむやみやたらと戦いを起こしていたわけではない。やはり戦いには大義名分が必要であり、己の正当性を主張してはじめて軍を動かすことがほとんどであった。

そのために必要とされたのが、幕府や朝廷のうしろ盾である。権威を失いつつあるとはいえ、彼らを擁していれば、それに刃向かう者たちは逆賊となり、大義名分が立つのだ。

●さまざまな義心を見せた武将たち

義将と呼ぶに相応しいのは誰か。まずは私欲のために軍を動かさなかった上杉謙信が、義心をもつ武将として筆頭にあげられるだろう。その配下である直江兼続も主の教えを受け継ぎ、生涯を上杉家に捧げた武将として歴史に名を残している。

義心のなかでは、忠義というのがもっともわかりやすいだろう。尼子家再興に力を尽くした山中鹿介や、豊臣家への恩義を忘れず、徳川家康に戦いを挑み散った石田三成。彼らが絶望のなかで見せた忠誠心は、儚《はかな》くも美しい。また三成との友情を育んだ大谷吉継も、興味深いエピソードを数多く残している。

義の心というのは、時代を問わず気高いものであるが、こんな荒れた時代であったからこそ、特に際立った輝きを見せているのではないだろうか。

上杉謙信

神の心、悪魔の戦術で敵を圧倒した軍神

一五三〇～一五七八年

■争乱のたえない越後を掌握しようと尽力する

上杉謙信《うえすぎけんしん》は、越後（現在の新潟県）の守護代・長尾為景《ながおためかげ》の次男として生まれる。上杉姓を名乗るのは、関東管領だった山内上杉氏の家督を譲られたのち、また名前の謙信は出家してから名乗るのだが、ここでは上杉謙信で統一する。

当時の越後は、政情が不安定で国人同士の争乱がたえず、謙信が生まれたときも長尾氏は対抗勢力と争っていた。長尾氏が劣勢だったため、謙信は十四歳にして戦に参加し、各地の反乱を鎮めていった。

このころ、長尾氏の当主は兄の晴景だったが、謙信の武威をみた親族が謙信擁立に向けて動き出す。一族は兄・晴景派と謙信派に分かれて対立することになったが、越後の守護・上杉氏の調停によって十九歳の謙信が長尾氏の当主となった。

越後は一時の平穏に包まれたが、まだ予断を許さない。謙信は権威を背景に越後を掌握しようと考え、朝廷に働きかけることにした。幸い当時の越後は国内有数の

第三章◆◆誠を貫いた義将たち

上杉謙信

商業都市であり、それなりの資金を用意することができたのである。

■義によって立ち、川中島の戦いで武田信玄と戦う

謙信が越後の掌握に苦慮していたころ、隣国の信濃（現在の長野県）では武田信玄が勢力を拡大しており、有力豪族が謙信を頼って落ち延びてきた。信濃には謙信と縁の深い豪族がいたこともあり、謙信は介入を決意。こうして「川中島の戦い」がはじまる。戦いは、十二年のあいだに五度行われたが、謙信は領地を得ても約束通り豪族たちに返還し、自身の領地にはしなかった。

領国である越後の情勢すら安定していないにもかかわらず、請われるままに隣国に兵を派遣した謙信は、非常に義を重んじる人物だったに違いない。また「第一次川中島の戦い」の直後に上洛し、越後のみならず隣国で敵対する勢力の征伐を認める公文書を入手しており、信玄と戦うための大義名分を得ている。

しかし、兵力を供出する国人たちにとって謙信の義戦は得るものがなく、領内では境界紛争も頻発し、謙信のいうことをきかないこともしばしばだった。

こうした背景から、二十七歳になった謙信はある日突然出家を宣言する。慌てたのは周囲の家臣たちである。ただでさえ揉め事がたえないのに、まとめ役がいなくなってしまっては越後は空中分解しかねない。引き止める親族に対し、謙信は国人衆からの忠誠と人質の提供という条件を提示し、この履行を前提に出家をとりやめ

た。いわば、ショック療法ともいえる方法で、領国内をまとめたのである。

■大義名分を得て、関東の平定に乗り出す

出家騒ぎの翌年、北条氏によって領国を追われた関東管領の山内《やまのうち》・上杉氏が、謙信を頼って亡命してくると、謙信は二度目の上洛を行って将軍との関係を深め、関東管領の内示を得た。ここでも謙信は、関東へ乗り出すに向けて大義名分を得たのである。また、関東管領職は信濃の調停権も有しており、守護職を正式に拝命した信玄に対する牽制の意味もあった。

かくして、謙信は関東へ進出し、北条氏の居城・小田原城を攻めた。堅固なことで知られる小田原城を落とすことはできなかったが、道中では続々と関東の国人たちがはせ参じ、小田原城に到着したときには十一万もの軍勢に膨れあがっており、謙信は武威を十分に示すことができたのだった。

こののち、謙信は十三回にも渡って関東へ遠征を続け、関東管領として関東の平定を目指したが、十四回めの出陣を前にした一五七八年、居城の春日山城で脳卒中のため四十九歳で亡くなった。

信玄から「合戦においては無双の大将」と評された謙信が日指していたのは、関東を平定して秩序を回復することだった。私欲で動くのが当然の戦国時代にあって、義のために戦い続けた彼ほど「義将」という言葉が似合う人物はいないだろう。

家康を敵に回して一歩も退かない心意気

直江兼続

一五六〇〜一六二〇年

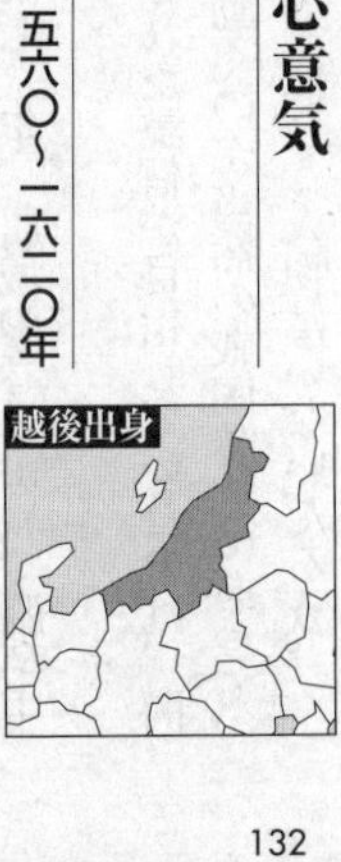

■主君・謙信のすべてを受け継ぐ

越後（現在の新潟県）の上杉家に生涯仕えた直《なお》江《え》兼《かね》続《つぐ》は、知勇兼備にして信義に厚い武士の鑑のような男であった。幼いころから才覚を見せていた兼続は、すぐに上杉謙信の目に止まり、側に置かれるようになる。

兼続と謙信は、まさに師弟と呼ぶに相応しいあいだ柄であった。謙信に追従する形で多くの戦場に参陣した兼続は、戦いの采配や軍略など、謙信の能力と知識を見事に受け継いでいく。また、兼続は兜に愛の文字を象《かたど》った前立てを付けていたが、これには愛染明王を模すとともに、戦場にあっては私欲のためではなく、民のために戦うことを宣言した「愛民」の意味も含んでいる。謙信は不義の戦いを何よりも嫌っていたが、高潔な精神論も謙信から受け継がれていたのである。

やがて謙信が病死し上杉家は代替わりするが、兼続は上杉家に対し何ら変わることのない忠義を尽くす。そして最大の敵であった織田信長が「本能寺の変」で倒れ

愛

ると、激動の時代に上杉家を存続させるため、兼続は国内外を駆け回るようになる。そしてその働きは実を結び、上杉家は豊臣秀吉の時代にあって、五本の指に入る大大名として名を連ねることとなった。

そんなときに兼続が出会ったのが、石田三成である。ふたりが初めて会ったのは一五八三年。互いに上杉家と豊臣家の和睦の使者として対面した。歳も同じで主君からは絶大な信頼を受けている者同士、何か通じ合うところがあったのだろう。ふたりは意気投合し、やがては気心の知れた同志ともいうべき仲になる。

■関ヶ原の戦いで敗北。自決を前田慶次に止められる

秀吉が死去すると、この機を待っていたかのように徳川家康が動き出す。家康は徳川を中心とした世を作ろうと画策。そんな豊臣家を蔑《ないがし》ろにする家康に対し、三成は憤慨した。兼続もその義心に感じ入り、ふたりは打倒家康を誓う。

そして迎えた一六〇〇年。兼続は越後にて着々と軍備を強化する。上杉家に謀反の動きありと恐れた家康は、上洛して弁明するように要求する。これに対して兼続は「そちらも軍を動かす準備を整えているようだが、越後へきて頂けるのならばいくらでも説明しようではないか」といった内容の書状を家康に送りつけた。要は「来るなら来い」ということなのだが、このあまりにも挑戦的で痛快な書状は評判となり、「直江状」として後世に伝わることとなる。

当然ながら激怒した家康は、兼続の挑発に乗った形で上杉征伐を実行に移す。それに合わせて三成が挙兵し、留守となった家康の居城・伏見城を攻め落とした。この戦いを発端として、全国の大名が豊臣方の西軍と徳川方の東軍とに分かれ大規模な戦いが展開。「関ヶ原の戦い」に繋がることとなる。関ヶ原での三成の勝利を信じ、兼続は最上義光領の出羽（現在の山形県と秋田県の一部）に出陣。長谷堂城を舞台に激戦を繰り広げる。しかし三成は敗れ、兼続はその報を聞くや愕然とし、その場で自害しようとする。ここで兼続を思いとどまらせたのは、兼続とは旧知の仲である前田慶次であった。敗北を受け入れた兼続は全力で撤退。最上の援軍として伊達政宗までが現れる絶望的な撤退戦であったが、慶次が奮戦し、兼続が鉄砲を巧みに操ることで道をつくり、無事越後へと辿り着く。

関ヶ原の戦い後の兼続は、上杉家を存続させるために徳川への謝罪に奔走。この戦いの発端は自分の責任であり、主君は一切関係なしとの潔い言葉に家康は感心し、上杉家は兼続とともに許された。しかし、減封を免れることはできず、上杉家の禄は一五〇万石から三〇万石に減らされる。これは大所帯を抱える上杉家としては死活問題であった。以後兼続は粉骨砕身し、一六二〇年、病をえて六十歳でこの世を去るまで町の発展に力を尽くす。兼続の後継ぎが急逝していたため、直江家はお取り潰しとなるが、これは兼続自身も望んだことであり、兼続の禄は上杉家に加えられることとなった。兼続は死してなお、上杉家に奉公したのである。

石田三成

打倒家康！ 豊臣家への忠誠を貫き通した誠の心

一五六〇〜一六〇〇年

■味方も多いが敵も多い激しい性格

「関ヶ原の戦い」の首謀者として西軍の指揮をとった石田三成《いしだみつなり》。彼を戦いに駆り立てた理由は多々あると思われるが、一番の要因になったのは、忠義の心を忘れた家康への怒りだったのではないだろうか。

少年時代から秀吉の寵愛を受けた三成は、年を重ねるに連れて頭角を現してくる。戦場で直接指揮をすることは少なかったが、兵站《へいたん》業務などを担当して活躍。多数の大名たちが参戦した「四国征伐」や「九州征伐」においてスムーズな兵糧運搬を行い、その能力の高さを見せつけた。また、太閤検地においても優秀な働きを見せ、秀吉もその功績を高く評価。三成は戦場で活躍する猛将ではなく、有能な政治家として秀吉の側近に名を連ね、やがては行政のトップ・五奉行にまで上り詰める。

三成は自分に兵を動かす才能がないことを承知していたのか、名軍師との評判高き島左近《しまさこん》を登用。豊臣政権の重鎮である大谷吉継や上杉家の直江兼続などとも頻繁

に交流し、自分の周囲に集まる仲間たちをとても大事にした。

その一方で、三成のこと疎ましく思う者たちもいた。戦場の最前線で戦う福島正則や加藤清正たちである。立場が変われば軋轢《あつれき》は生まれるもので、「朝鮮出兵」において兵糧輸送が滞ったことが決定的となり、両者の関係は完全に決裂する。

この問題を軽視したのが最大の失敗だった。三成は視野が狭く、物事を大きく捉えることができなかったのである。よって味方は多いが、それ以上に敵も多かった。これでは人の上に立つ人間としては問題があり、左近も重々指摘するのだが、三成のこの性格だけは最後まで直らなかった。

■打倒家康の精神を貫く

秀吉が死ぬと世間は慌ただしくなる。豊臣家を軽視する家康に危機感を感じた三成は、前田利家と手を組み家康を弾劾《だんがい》した。しかし、利家も秀吉の後を追うように死去。さらに清正や政則ら七人が結託し、大坂で三成を襲撃。三成は家康の居城・伏見城内に逃れるが、ここで仲裁を買って出たのが家康だった。好機と見た左近が家康の誅殺を進言するが、三成は大義を重んじこれを却下したという。

この騒動で五奉行の任を解かれた三成が自宅謹慎となるや、家康の専横はますます激しくなる。業を煮やした三成は遂に謀反を決意し、同志でもある兼続もこの思いに同調。上杉家で軍備増強の動きがあるように見せると、家康はこの誘いに乗り上杉討伐の軍を起こす。この隙に三成が挙兵するという作戦はうまくはまり、家康許すまじの声に呼応した各勢力が連鎖的に挙兵。豊臣方の西軍と徳川方の東軍に分かれた全国規模の合戦が展開し、「関ヶ原の戦い」の幕はあがった。

三成はまず家康と同等の権力を持つ毛利輝元を総大将に据え、盤石の体制を整える。これで戦力は五分。しかし、計算外のことが起こる。輝元が戦場には行かないというのだ。これにより三成が采配を振ることとなるが、西軍のなかには三成を嫌う者も多く、全軍の掌握は不可能であった。一部の部隊のみで果敢に戦い東軍を押し込んでいくが、小早川秀秋が突如裏切ると、西軍は内側から崩壊。敗軍の将となった三成は捕縛されてしまう。

反逆者として死の裁きを受けることとなった三成。刑の直前に喉の渇きを訴えると干し柿を勧められるが、三成は柿は胃に障《さわ》るので遠慮したいと告げる。

これから死ぬ者が身体のことを労《いたわ》ってどうするのだ？　と笑われると「大事を成そうとする者は、最後まで諦めないものだ」と返したのだった。死の直前にあってもなお、打倒家康の心は折れていなかったのである。

三成は性格に問題があり、カリスマ性がなかった。人と人との繋がりを疎かにしては、大戦で負けても仕方がない。しかし、最後まで豊臣家への忠誠を貫いたその姿は、まさに誠の忠義の士。三成は華々しい活躍は少ないながらも、高名かつ世代を越えて人気の高い武将であるが、それも納得できるというものである。

真田幸村

大坂の陣で決死の戦いを挑んだ戦国最後の勇将

一五六七〜一六一五年

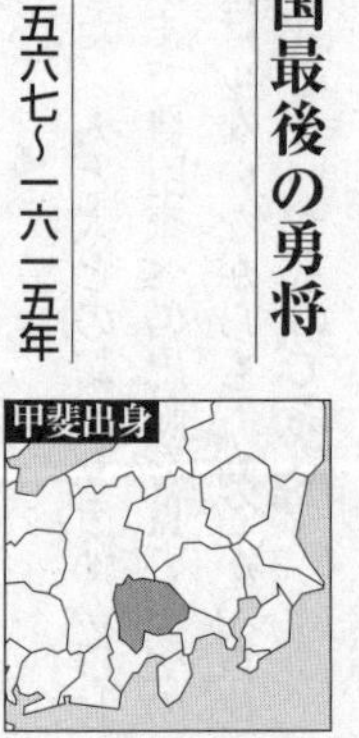

■関ヶ原の戦いで西軍につき、九度山へ流される

真田《さなだ》幸村《ゆきむら》は、江戸時代以降に講談や小説などで紹介され、一般に広く知られることになった人物である。本名は真田信繁《のぶしげ》だが、ここでは一般に馴染み深い「幸村」の名で紹介していこう。

幸村がまだ幼いころ、主家の武田氏が滅亡したため、父・昌幸とともに各大名のもとを転々とし、上杉景勝や豊臣秀吉のもとに人質に出された。こうした状況から、幸村の初陣は二十四歳と遅く、秀吉の「小田原征伐」に従軍したのが最初となった。

その後、兄・信之が昌幸のもとから独立して徳川家康の与力大名となったため、幸村は父・昌幸の後継者となり、常に行動をともにすることになる。

一五九八年、最高権力者の秀吉が没して秀頼がその後を継いだが、朝鮮出兵以来の武断派と文治派の対立や上杉景勝が越後奪還のために帰国するなど、さまざまな問題が浮上してきた。

一六〇〇年、五大老の筆頭だった徳川家康は上杉征伐の軍を起こし、会津へと向かった。幸村は、父・昌幸や兄・信之とともに従軍することになったが、家康の留守を狙った石田三成が大谷吉継とともに挙兵し、昌幸のもとにも「家康弾劾状」が届いた。有名な「関ヶ原の戦い」のはじまりである。

真田家では協議の結果、家康の与力大名であった信之は東軍に、秀吉の与力大名であった昌幸は西軍につくことになり、幸村も昌幸に従って西軍につくことになったというのが通説である。

ともかく、昌幸・幸村父子は、上杉討伐のために進軍していた徳川軍から離脱し、上田城へ引きあげて籠城をはじめたのであった。

上田城へは、徳川秀忠指揮のもと、譜代の大名を中心とした三万もの兵が押し寄せたが、昌幸と幸村はわずか三千の兵で迎え撃ち、大損害を与えた。しかし、関ヶ原では西軍が敗れ、昌幸・幸村父子は、高野山の麓にある九度山へ配流となった。

■不利を承知で戦うその姿に多くの大名が共感

九度山へ配流となった幸村は、十四年もの間世捨て人同然の生活を余儀なくされ、病や老いのため歯も欠け、髪やヒゲは白くなってしまった。

このまま朽ち果てるのかと無念の日々を送る幸村だったが、一大転機が訪れる。家康との絶縁を決意した豊臣秀頼から、大坂城への入城要請が届いたのだ。

いわゆる「大坂の陣」の勃発である。幸村すでに四十八歳、当時としては高齢となっていた彼に、最後のひと華を咲かせる好機がやってきた。

かくして、大坂城に入った幸村は、昌幸の後継者として大名待遇で扱われ、長曾我部盛親や毛利勝永とともに「三人衆」として敬意を払われる存在となった。

大坂城では、籠城策が取られることになったため、幸村は唯一手薄である大坂城南方の高台に「真田丸」と呼ばれた出城を建設。一六一四年十一月からの「大坂冬の陣」では、敵を引き寄せてからの鉄砲戦術で大きな損害を与えた。

この働きを見た幕府方から、幸村のもとに寝返りを要請する使者が訪れ十万石の条件を提示したが、幸村は「私は乞食同然の生活をしていたが、召し出して真田丸を任せてくださる秀頼公には恩義を感じており、寝返りは難しい話」と回答。のちに、信濃一国を条件に再度寝返りを持ちかけられたが、やはり拒否したという。

秀頼への恩義を貫いた幸村は、一六一五年五月の「大坂夏の陣」でも豊臣方に加わり、徳川本隊へ三度に渡って突撃を敢行。家康の本陣を揺るがす勢いを見せたが、力尽きて討ち取られた。

このときの幸村の様子は、敵方だった諸氏の多くの書物にも残されており、特に島津氏の『薩摩旧記』では「真田は日本一の兵」とまで記され、絶賛されている。

こうした数々の書物は、不利を承知で最後まで秀頼を見限ることなく存分に働く幸村の姿が、同じ武士として多くの諸大名に感銘を与えた証といえるだろう。

山中鹿介

尼子家再興にすべてを賭けた七難八苦の生涯

一五四五〜一五七八年

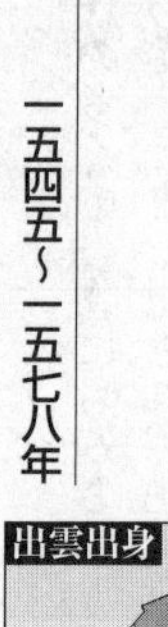

■三日月に誓った猛将の忠義

出雲（現在の島根県東部）を支配する戦国大名・尼子《あまご》氏。かつて尼子経久が築いた一大勢力は、その曾孫にあたる尼子義久の代で隣国の毛利氏の侵攻に脅かされていた。しかし、そんな劣勢のなかにあって、武勇を馳せる若武者がいた。幼少から尼子氏に仕え、尼子十勇士のひとりに数えられた山中鹿介《やまなかしかのすけ》である。尼子家随一の猛将として知られるようになった鹿介は、毛利氏をはじめとする近隣諸国の豪の者からたびたび一騎撃ちを挑まれ、これを退けては尼子家の衰退を食い止めた。

もっとも、強大な毛利氏の侵攻の前では、尼子氏の領土回復は絶望的な状況に陥っており、ついに一五六六年、義久が降って尼子氏は滅びてしまう。義久とその兄弟が幽閉されて、支えてきた家臣も四散しては、尼子氏の未来は閉ざされたも同然であったが、鹿介はその屈辱のなかでお家の再興を目論んでいた。ときに鹿介二十二歳。夜空に浮かぶ三日月に向かって、「願わくば、我に七難八苦を与えたまえ」

第三章 ◆◆ 誠を貫いた義将たち

山中鹿介

と固く誓ったのであった。

その後、二十四歳になった鹿介は尼子遺臣団を結成すべく、京都で仏門に入っていた尼子勝久を大将に擁立する。さらにはかつての家臣や豪族を味方につけて毛利氏に対抗。出雲の大半で領土を回復する勢いを見せたのであった。

しかし、所詮は寄せ集めの軍だったためか、一度の敗戦で士気が激減。味方の離反が相次いでは、毛利氏の反攻を防ぎきれない。やがて最後の拠点も落とされ、鹿介は毛利一門きっての猛将・吉川元春《きっかわもとはる》に捕らえられてしまったのである。

ここで尼子氏再興の夢も、鹿介の命も潰えたかに思われたが、彼はしぶとかった。腹痛と偽って何度も厠《かわや》に行き、糞まみれになりながらも監視の目を盗んで逃走。勝久とともに京都へ逃れ、次なる機会をうかがうのであった。

■果てた尼子氏再興の夢

ゲリラ戦では毛利氏に勝てない。統率のとれた巨大な後ろ盾が必要だと悟った鹿介は、中央で勢力を拡大する織田信長に庇護《ひご》を求めた。尼子遺臣団が織田軍の中国攻めの先鋒を務めることで、毛利氏に対抗しつつ旧領を回復しようと画策し、ズバリ的中する。織田軍の力を背景に因幡（現在の鳥取県東部）の城を次々と落とし、旧領回復の足がかりとなる地を獲得。お家再興は目の前と思われた。ところが、再び毛利氏の反撃にあうと、古参の尼子家臣が毛利氏に寝返る。さらに悪いことに、織田信長が鹿介たちを助力しないと宣言。戦力と後ろ盾を同時に失った彼らに抗《あらが》う力は残されておらず、またも後退を余儀なくされた。

その後も鹿介らの尼子遺臣団は織田軍傘下に配属されていたが、信長から見れば彼らは捨て駒にすぎなかったのであろう。一五七八年に毛利氏の攻撃を受けた際、信長は中央の軍備を優先するために中国から軍を引いた。そして完全に孤立した鹿介たちは、尼子氏撲滅に燃える毛利氏の猛攻にさらされ、ついに降伏する。今度ばかりは逃げることも叶わず、戦後に大将の尼子勝久は自害。鹿介らの尼子遺臣団も解体されたが、彼は吉川元春に再び捕らえられ、捕虜として護送されることとなった。しかし、これまで毛利氏は尼子氏再興の動きに何度も煮え湯を飲まされており、実質的な指導者が一門衆の勝久ではなく、鹿介であることを知っていた。そして鹿介を殺すことこそ、尼子氏を完全に滅亡させるための方法だと信じたのであろう。

護送の道中、鹿介は吉川元春の命を受けた刺客に殺害されてしまったのである。このとき鹿介、三十四歳。三日月に誓いを立ててから、十年余に渡るお家再興への戦いに終止符が打たれた。

鹿介ほどの才能をもった人物が、早くに毛利氏や織田氏へ仕官していれば、もっと別の形で歴史に名を残していたに違いない。しかし、尼子氏への忠義が強すぎたゆえ、他家に寝返ることも取り立てられることもなく、悲劇の将として散っていった。彼のような義に一途な男が生きるには、戦国の世は残酷すぎたのである。

大谷吉継

すべては友のために！ 戦国最後の友情物語

一五五九～一六〇〇年

■秀吉に「百万の兵を指揮させてみたい」といわせた男

豊臣秀吉の配下として活躍し、越前（現在の福井県北部）の大名となった大谷《おおたに》吉継《よしつぐ》。その出生については不明な点が多く、一部では豊臣秀吉の隠し子だったのでは、という説も流れている。

石田三成に推挙される形で秀吉に仕え、柴田勝家との激闘であった「賤ヶ岳の戦い」や「朝鮮出兵」などで活躍。両者は良きライバルとして切磋琢磨しながらともに出世街道を上っていき、やがて固い友情で結ばれる。

吉継は秀吉からその能力の高さを認められており、できることなら百万の兵を指揮させてみたいといわれたほどの逸材であった。しかし、重度の病を患い顔が醜く崩れてしまっていたので、政治的な面では表舞台に立つことはなかった。病は年を追うごとに進行し、普段の生活においても常に深々と頭巾を被《かぶ》って生活することを余儀なくされ、やがては足腰も弱り、戦場では輿《こし》に乗って兵を指揮するようになる。

醜い姿となった吉継を人々は徐々に遠ざけていくが、三成だけは友人というスタンスを崩すことなく、吉継と接するのだった。

ある茶会の席でのことである。集まった大名たちが茶を回して飲むことになったのだが、吉継のあとを受けるのを誰もが嫌がり、なかには飲むふりをして次に回してしまう者もいた。そんなとき、吉継の顔から膿《うみ》が垂れて茶のなかに入ってしまう。それを見た誰もが青ざめてしまい、吉継も呆然となるのだが、三成がその茶を受け取ると、ひと息で飲み干したのだった。このようなこともあってか、ふたりの絆はますます深く結びついていく。

■その命、友のために

秀吉が死ぬと、吉継は次の時代を担う者であると感じた徳川家康に接近し、両者は良好な関係を築くようなる。しかし、あまりにも家康の動きは早すぎた。

天下取りを露骨に意識した家康が豊臣家を軽視するようになると、日本中の諸大名が豊臣派と徳川派でまっぷたつに分かれてしまう。豊臣派の筆頭は友である三成。吉継は三成と家康の狭間で揺れることとなる。

そして迎えた一六〇〇年。密かに軍備を強化する上杉軍を征伐すべく、家康が軍を動かした。吉継もこの討伐軍に参加することになったが、その道中に吉継は三成の居城・佐和山城に立ち寄った。その理由は、三成にも討伐軍に参加するよう促すためである。吉継は少しでも三成と家康の関係を良好にしたかったのだ。しかし、三成の口から出た言葉は、吉継の期待とはまったく裏腹なものであった。「打倒家康のために挙兵する。吉継も力を貸してほしい」。あまりにも唐突な願いに戸惑う吉継。だが、今家康と戦ったところで三成に勝ち目はあるまい。

挙兵を思いとどまるよう説得するが、三成の決心は揺るがなかった。吉継は悩んだ末に、三成の同志となることを決意する。

そして決戦は「関ヶ原の戦い」へ。全国から集まった諸侯が豊臣方の西軍と徳川方の東軍とに分かれて対峙するなか、吉継は裏切りの気配を感じ取り、小早川秀秋の軍に目を光らせていた。しかし、裏切り者は小早川だけではなかったのだ。対小早川のために吉継が配置していた脇坂安治らも東軍に寝返り、西軍は完全に崩壊。吉継は敗北を悟り、もはやこれまでと自害する。その際、自分の醜い首が敵の手に渡らぬよう、部下に指示して首を地中深く埋めるよう指示したという。

吉継の予想通りに関ヶ原で三成は敗北した。死地に向かうことをわかっていながら、なぜ吉継は三成とともに戦うことを決意したのだろう。やはりそこには三成との間に固い絆があったからにほかならない。病に犯された身である吉継は、余命幾ばくもないことを感じていたのだろう。ならばその残された命、友のために捧げてもよいのではないだろうか。結果的には残念なことになったが、このふたりの関係は凄惨な戦国の世にあってひときわ輝き、気高さすら感じさせる。

浅井長政

魔王・信長に挑んだ戦国一の勇者

一五四五〜一五七三年

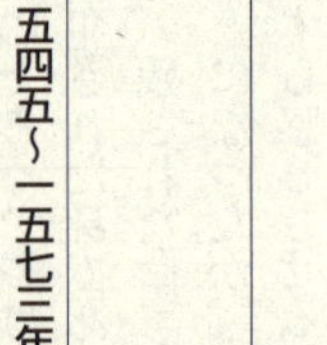

■織田信長を殺せるチャンスは二度あった

一五六〇年、家臣たちにもちあげられる形で弱冠十五歳にして近江（現在の滋賀県）の戦国大名、浅井家の家督を継いだ長政《ながまさ》は、奇襲や騙し討ちなど当たり前の戦国時代のなかにおいて、珍しく正々堂々とした人物であった。

長政の終生のライバルといえば、義兄である織田信長をおいてほかにいない。長政には、この信長を労せずして殺せる機会が二度もあったのである。

一度目は信長の妹・お市の方との婚姻の儀のときである。この婚姻は絵に描いたような政略結婚で、織田家とは因縁浅からぬ越前（現在の福井県北部）の朝倉義景への牽制、という信長の目論見が見え見えであった。だが、この重要な儀式にもかかわらず、信長が引き連れてきた配下の数はわずか数百。寝首を掻こうと思えばいつでも可能であった。実際、長政の配下のなかには、信長は油断ならぬ相手ゆえ、今のうちに殺しておくべしと進言した者もいた。しかし長政を信頼できる人物であ

ると見ているからこそ、信長もわずかな手勢で訪れているのである。それを察している長政にとって、信長を殺すなど言語道断。婚姻の儀は滞りなくとり行われ、浅井と織田のあいだには固い同盟関係が結ばれた。

しかし、この同盟も長くは続かなかった。同盟の条件として、織田は浅井と懇意にしている朝倉の領土には攻め込まない、との約束を交わしていたのだが、信長はこれを破棄。徳川家康と連合を組んだ織田軍は、越前への進軍を開始する。

この際、長政は織田と朝倉のどちらにつくべきか迷うが、父・久政から先祖代々交流のある朝倉に義を立てるべしと進言され、信長との決別を決意。このときが信長を殺す二度目の好機であった。いきなり背後から織田軍を襲えば楽に信長を討ち取ることもできたであろう。しかし、長政はお市の方よりの陣中見舞いとして、信長の元へ両端を縛った小豆入りの袋（朝倉と浅井に挟まれて織田に逃げ場なしの意味）を届けさせ、暗に裏切りの旨を伝えたという。これにより浅井の裏切りを知った織田軍は即時に撤退を開始。信長は辛くも逃げ仰せることができたのだった。

■最後まで筋目を通した男

長政と信長は敵対関係となり、一五七〇年、織田・徳川連合軍が裏切りの報復とばかりに近江へと侵攻を開始。長政は朝倉と組み、姉川にてこれを迎え撃つ。数で勝る織田軍に対し、長政は必死に奮戦。姉川が真っ赤に染まるほど両軍共に多大な死者を出すが、長政はなんとか織田・徳川軍を退けることに成功する。

この後、長政には対信長の急先鋒としての期待がかけられるが、「姉川の戦い」での被害は甚大であり、浅井軍にはもはや戦う力は残されていなかった。そして迎えた一五七三年、織田軍は再び近江へと攻めのぼり、長政は信長と最終決戦を繰り広げることとなる。だが、躍進目覚ましい織田軍と、ダメージを引きずった浅井軍ではその戦力差は歴然。浅井軍は劣勢を強いられ、居城の小谷城に追いつめられる。

もはや勝負は決し、信長は長政に対して何度も降伏勧告をするのだが、長政はこれを頑《がん》として聞き入れず、ここを死に場所と覚悟を決めた。妻のお市の方も長政と運命をともにしようとするが、長政は不憫《ふびん》に思い、信長も実妹ならば助けてくれるのではないかと、配下に命じてお市の方を織田軍へと送り返させる。

そして長政の期待通り、お市の方が城から出る際には織田軍は攻撃の手を止め、お市の方は無事に信長の元へと届けられた。

そしてついに織田軍による怒濤の総攻撃がはじまった。果敢に迎え撃った長政であったが、進退窮まり、ついに父の久政とともに自刃して果てた。享年二十九という若さであった。最後まで男らしく戦った長政であったが、この時代を生き抜くにはあまりにも清廉潔白すぎたのではないか。

だからこそ長政には信長のような義兄が必要だったのである。長政が朝倉ではなく信長を選んでいたら、歴史はまた違った方向へと歩みを進めただろう。

山内一豊

武功を積み重ねついに勝ち獲った土佐二十万石

一五四五～一六〇五年

■時代の三英傑のもとで真面目一筋に働く

妻・千代の嫁入りの持参金で名馬を買い、織田信長の歓心を得て出世に繋がっていく。いわゆる内助の功で有名な山内《やまのうち》一《かず》豊《とよ》であるが、彼も若き日には乱世の習わしに従い、戦場での武功で名をあげていった男である。

一豊が十五歳のころ、もともとの主君であった尾張（現在の愛知県西部）織田信安が滅んで山内家は離散の目に遭っている。その後、流浪の末に織田信長の家臣・豊臣秀吉の与力となったから、彼の初陣は二十五歳のころと遅い。続く朝倉攻めでは、敵方の弓の名手に頬を貫かれる重傷を負いながらもこれを撃破。少しずつではあったが禄を増やしていく。信長の死後も、そのまま秀吉の家臣として活躍。数々の合戦に参陣し、武功を積み重ねては出世していったのである。

もっとも、一豊は天下無双の猛将というわけではなかったから、加藤清正や福島正則などの猛者に混ざって出世していくには、戦場での首級比べではかなわない。

そこで政治の才能を発揮することによって、天下を狙う秀吉のもと重用されるようになったのである。

一豊のもうひとつの強みは、真面目で誠実な人柄にある。秀吉没後、妻の助言もあっていち早く家康に味方することを宣言した一豊は、その席で自分の所領をすべて家康に預けるといってのけた。この大胆な発言は家康の歓心を得たばかりか、ほかの諸将の団結をも生み出し、「関ヶ原の戦い」の勝利に繋がる。そして一豊の部隊は関ヶ原で何の武功もなかったが、戦後に土佐（現在の高知県）を与えられた。

三英雄のもとで生真面目に働き、ついに一国一城の大名となった一豊。六十歳で没したのち、その墓は二人三脚で歩んだ妻と並んで祀られている。

織田信長が唯一心を許した有能な事務官

森蘭丸

一五六五〜一五八二年

尾張出身

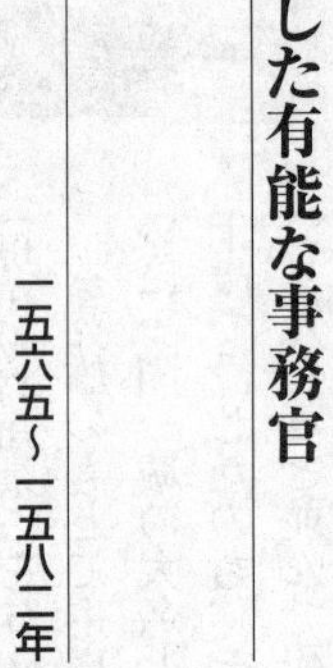

■上杉謙信も認めた見事な立居振る舞い

織田信長の古くからの家臣で、槍の名手として知られた森可成《もりよしなり》。その三男として生まれた森蘭丸《らんまる》は、織田家に立派に仕えられるようにと厳しく育てられ、品行方正で武芸と学問に通じる少年であった。蘭丸が六歳のころ、父・可成と長男の森可隆《よしたか》が戦死。森家の家督は次男の森長可《ながよし》が継いだ。長可がその激しすぎる気性で武功を重ねる一方、蘭丸は英才教育を受け続けており、十五歳になったころに信長の小姓として仕官する。信長はこの才気あふれる美少年を一目で気に入り、以降は側近中の側近として寵愛するようになっていくのであった。

蘭丸は家中での取次ぎ、奏者、諸事奉行などをこなす有能な事務官であり、諸将への使者としても重用される。そして彼の上品かつ堂々とした振る舞いは、織田家臣だけでなく他家でも認められた。上杉謙信の所領を密かに偵察に行ったとき、正体がばれて自害しようとするが、蘭丸を気に入った謙信はそれを止めたばかりか城

下を見てまわることまで許したという。誰にでも認められる蘭丸を信長は誇り、彼の進言であればすなおに聞き入れるなどますます重用し、戦場で武功をあげることはなくとも、ついには城を任されるに至ったのである。
　こうした才能と人望があれば、あるいは織田家臣を超えて歴史に名を残す人物になったかもしれない。しかし、蘭丸は信長の側を離れず、それは「本能寺の変」で明智光秀軍に囲まれたときも同じであった。このとき蘭丸は実戦経験がないながらも信長を守るため懸命に戦ったが、所詮は多勢に無勢。
　安田作兵衛なる男に討ち取られ、ふたりの弟とともに本能寺に倒れた。享年十九。若すぎる死だが、信長とともに倒れたことが唯一の救いだろうか。

高山右近

権力に屈することなく一途に貫いた信仰心

一五五二～一六一五年

■親子二名にわたるキリシタン

キリシタン大名として知られる高山《たかやま》右近《うこん》が、その洗礼を受けたのは十二歳のとき。父・高山友照がキリスト教に感銘を受け、これに従っての洗礼であった。熱心なキリスト教信者である高山親子は、後に教会建築や布教を進めていくこととなるが、時代は戦国乱世。若き日の右近は刀を取り、人を謀って生き抜かなければならなかった。

摂津（現在の大阪府）出身の高山氏は当初、三好家に従っていた。しかし、三好氏の衰退にともない足利将軍家直臣の和田惟政《これまさ》が摂津を支配したかと思えば、織田信長に接近した荒木村重が支配権を奪う。この混沌とした情勢のなか、高山家は荒木村重と示し合わせ、和田惟政亡き後の高槻城を奪取しようと図った。

この戦いで右近は瀕死の重傷を負いながらも奮闘し、ついに高山家の居城を得たのである。そしてこのころからキリスト教への信仰は、ますます強くなっていった。

一五七八年に荒木村重が織田信長に反旗を翻したとき、信長は右近に高槻城の開城を迫った。城内では断固抵抗すべしとの意見もあったが、命令を聞かない場合は宣教師とキリシタンが皆殺しにあう。この究極の選択で、右近はキリスト教の保護を選んで開城。

また、のちに豊臣秀吉がキリスト教を禁じたときも、信仰を守る代わりに所領と地位を投げ出している。さらに時が流れて徳川幕府がキリシタン追放を発令したときでさえ、教えを捨てることなくマニラへ追放処分となった。

右近はマニラで病にかかり、六十四歳で息を引き取ったが、権力に屈せず、金や名誉になびかない殉教者だった。若き日の武勇より、この一途な信仰心こそが彼の武士道を物語っている。

馬場信房

■武田家三代を支えた「不死身の鬼美濃」

一五一四〜一五七五年

優れた武勇と智略を備え、甲斐（現在の山梨県）武田氏の隆盛を支えた武田四名臣のひとり。中でも馬場《ばば》信房《のぶふさ》は最年長にあり、三代に渡って仕えた功労者である。信房が最初に仕えたのは武田信虎である。十八歳にして初陣を飾るとすぐに武功を重ねていき、その軍才は早くから知られることとなった。一五四一年に信虎とその子・武田信玄の関係が悪化したときは、信玄に味方して信虎追放計画に参加する。これまで仕えてきた主君を捨てて、その後は武田家の新時代を築こうとする信玄を支えていくのであった。実際、信房は生涯で七十回を超える合戦において、かすり傷一つ負わない武勇で武田氏の躍進に尽力。美濃守を名乗っていたこともあり、「不死身の鬼美濃」として諸国を恐れさせる存在となったのである。

しかし、信玄の死後に武田勝頼が家督を継ぐと、信房ら老臣は疎まれるようになる。そして意見も聞き入れられぬまま、織田信長軍との「長篠の戦い」に突入。この戦いで武田軍は総崩れになるが、殿軍を務めた信房は勝頼撤退を見届けたところで敵兵に囲まれた。生涯初めて戦場で受けた傷が、彼の命を奪ったのである。

仁科盛信

一五五七〜一五八二年

■敗戦覚悟で織田の大軍を引き受ける

仁《に》科《しな》盛《もり》信《のぶ》は元の名を武田春清といい、甲斐（現在の山梨県）守護の武田信玄の五男として生まれた。信玄は信濃（現在の長野県）侵攻の際、古くからの名家である仁科家を親族衆として取り込むことを画策し、わずか四歳の五男に仁科家の名跡を継がせる。ここに仁科盛信が誕生したのである。

盛信は仁科家当主として武田家によく仕え、父・信玄が没して兄の武田勝頼が家督を継ぐと、織田・徳川軍への要所である高遠城主を任されるようになる。しかしこの城、信玄存命のころならば攻めの拠点だったかもしれないが、いまとなっては守りの拠点。一五八二年に織田信長が武田攻めを開始したとき、衰退のなかにあった武田方の諸将の士気は低く、撤退や離反が相次いだ。まともな抵抗を受けずに高遠城までたどり着いた織田軍は盛信に降伏を勧告したが、敗戦を覚悟でこれを拒否。どれだけ味方が裏切り、相手が大軍だろうとも、武田家のために戦うことにこだわったのである。そして猛攻で奮闘するも、最期は自害して果てた。享年二十六。武田を名乗らずとも、彼の生き様は武田武士そのものであった。

内藤昌豊

一五二二～一五七五年

■「真の副将」と称された思慮深き義将

武田四名臣のひとりに数えられる内藤昌豊《ないとうまさとよ》は、ほかの重臣と同じく武田家への忠義を貫いた武将である。ただし、彼が武田に仕えるまでの経緯は少し複雑であった。昌豊の父は武田信虎に仕えていたが、あるとき信虎の怒りに触れて殺されてしまう。昌豊は難を逃れるために武田家を出奔して流浪の身となったが、のちに当主となった武田信玄に呼び戻されたのである。昌豊はこのとき信玄から先の事件について謝罪され、十年もの放浪生活を労《ねぎら》う金も与えられた。父の仇であったはずの武田家は、ここで彼の恩人になったのである。以降、信玄は昌豊に絶対的な信頼を置いて重用。昌豊も抜群の武略を発揮して応え、家中での存在感を増していくが、決して自分の手柄を鼻にかけることはなかった。猛将ではあっても思慮深い人徳をもっていたから、家臣仲間から「真の副将」と尊敬を集めていたのである。

しかし、信玄没後の武田勝頼の代では、ほかの古参重臣と同じく当主から疎まれた。そして勝頼の暴走で開戦した「長篠の戦い」で、体中に矢を受け最期を迎える。このとき聡明な彼には、やがて滅びる武田家が見えていたのではないだろうか。

鳥居元忠

一五三九～一六〇〇年

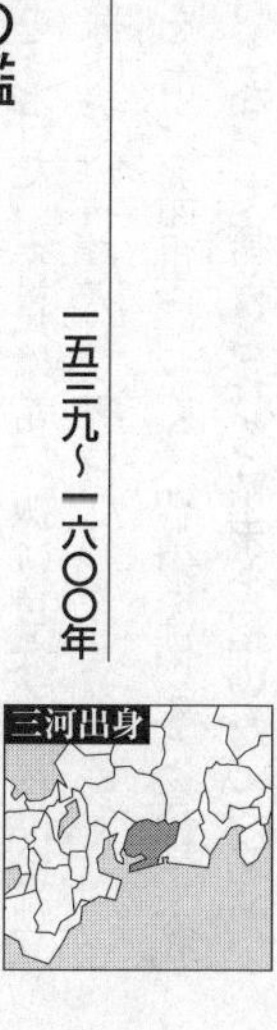

■生涯を家康に捧げた三河武士の鑑

鳥《とり》居《い》元《もと》忠《ただ》は一生涯を懸けて徳川家康に尽くしたが、ふたりの縁は深く長い。家康が今川氏の人質時代から、お側小姓として仕えている。家康に仕えた家臣は数多いが、幼少の耐え忍ぶ日々を分かち合った元忠には、特別な思いがあったであろう。家康が三河（現在の愛知県東部）に戻ってからも、元忠はよく働いた。戦場で二度も足を負傷し、歩行が不自由になっても各地に従軍。満身創痍で戦い続けたのも、家康を唯一の主君と心に決めていたからであった。

そんなふたりに今生の別れが訪れたのは、一六〇〇年のこと。このとき家康は一時的に上方を離れ、反目する石田三成が留守を狙って挙兵したところを叩くつもりであった。いわば天下を取るための布石である。しかし、それには上方に残って三成の攻撃を受ける犠牲が必要で、討ち死に必至の役目に選ばれたのは元忠であった。彼には家康のために命を投げ出す覚悟があったから、何もいわずに承諾。そして計画どおりに伏見城での籠城戦が起こり、元忠は三河武士の鑑と称えられながら散った。ほどなく、家康は旧知の友の死を乗り越え天下を取った。

小西行長

■知勇を兼ね備えた合理主義者

一五五五～一六〇〇年

薬商人の子に生まれた小西《こにし》行《ゆき》長《なが》は、やがて宇喜多直家に仕える家臣となっていた。明晰な頭脳をもって外交に手腕を発揮していた行長だったが、織田家臣として中国攻めに現れた豊臣秀吉と出会ったことで、運命は大きく変わる。このとき行長は使者として秀吉との交渉にあたり、宇喜多方の降伏を成立させると同時に織田軍の人質になる。そして、のちに秀吉の配下へ転身するのであった。

行長は秀吉のもとで水軍を任されると、すぐに非凡な軍才を発揮。一躍主力に名乗り出る活躍で、出世を果たしていく。その後の「朝鮮出兵」では、先鋒として功を重ねた一方で、戦局が不利になると講和交渉を担当する。

この交渉は失敗に終わって二度目の朝鮮派兵を引き起こすことになるが、ここでも加藤清正らを出し抜いて数々の武功をあげた。行長は常に抜け目なく合理的に立ち回り、味方を踏み台にしてでも功を稼いでいったのであった。

しかし「関ヶ原の戦い」では豊臣家を慕って西軍につく。智勇を備えた合理主義者も恩義で時勢を見誤ったか、敗軍の将となって斬首される結末を招いたのだった。

真田信之

一五六六～一六五八年

■真田家を後世につないだ誠実なる義将

父は戦国きっての智将・真田昌幸《さなだまさゆき》、弟に悲運の英雄・真田幸村《ゆきむら》をもつ真田信之《のぶゆき》は、この偉大なるふたりと道を別にしながらも、真田家を後世につなぐ大役を果たした。

真田家はもともと甲斐（現在の山梨県）武田氏に臣従していたが、武田勝頼の時代に滅びてしばらくすると、信之は徳川家康に仕え、父・昌幸と弟・幸村は豊臣秀吉に仕える道をたどる。この親子が別れた状態でも、秀吉存命のあいだは問題なかった。徳川家は豊臣家に従っていたため、親子揃って「小田原征伐」に参陣するなど、互いに優れた武功をあげたが、秀吉が死んで「関ヶ原の戦い」が起こると、信之は東軍に、父と弟は西軍につく。しかも、東軍苦戦の原因となった徳川秀忠軍の足止めは父の仕業で、後年には幸村が「大坂の陣」で徳川家に牙を剥くことになる。

しかし、親兄弟がこうした状況にあっても、信之は徳川家について忠義を尽くし続けた。幸いにも肉親同士の直接対決は実現せずにすんだが、そうなったときは戦う覚悟を決めていたことであろう。この功績により、真田家の血筋はつながった。信之が守った信念の強さは、親兄弟の英雄伝にも決して劣らない。

佐竹義重

一五四七〜一六一二年

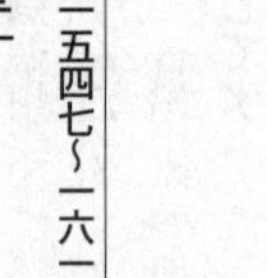

■巧みな外交戦略で常陸を統一した「鬼義重」

関東地方の雄、常陸（現在の茨城県の一部）佐竹家の嫡男として生まれた佐《さ》竹《たけ》義《よし》重《しげ》は、「鬼義重」の武勇を轟かせた猛将である。その豪傑ぶりは七人の敵を一瞬で斬り伏せたというほどで、若くして家督を継ぐと佐竹家の全盛期を築きあげた。

ただし、義重が領土を拡大できた理由は武勇ばかりではない。国力がわずかな佐竹家が北条氏などの大大名と争うには、近隣諸国との連合が必要だったのである。

義重が四十歳のころ、佐竹氏は北に伊達氏、南に北条氏という二大勢力に挟まれる形にあった。自分が無双の将とはいえ一国で抵抗しても勝機がないと悟った彼は、姻戚関係を軸に同盟を拡大。この同盟は一時期崩壊の危機に瀕するが、豊臣秀吉と懇意にしていたことが幸運であった。「小田原征伐」や「奥州仕置」に加わり、一挙に領土を拡大。悲願の常陸統一を達成する。のちの「関ヶ原の戦い」で、東西どちらにつくか家中の足並みが揃わず所領を減らされたが、義重は悠々自適の晩年を送ることができた。「鬼」と呼ばれる武勇をもちつつ、信頼で味方をつくる大切さを知っていた義重。その最期は、狩りの途中で落馬するという不運だった。

木村重成

一五九三～一六一五年

■歴戦の猛者を唸らせた大坂の陣の勇姿

木《き》村《むら》重《しげ》成《なり》は幼くして豊臣秀頼の小姓として仕え、元服後は秀頼がもっとも信頼を置く側近となっていった。才気あふれ、武芸にも通じるこの若武者は、豊臣家の安泰が続いていたならば優れた働きを後世に伝えていたに違いない。しかし、彼が才能を発揮できる時間は、あまりにも短すぎたのである。

重成の初陣は、豊臣家滅亡の足音がきこえはじめる「大坂冬の陣」である。真田幸村や後藤又兵衛といった歴戦の猛者《もさ》に混ざり、二十三歳の重成も主力のひとりとして活躍。和議の使者として徳川家康とも堂々と渡り合い、その武名を轟かせた。

しかし、「大坂夏の陣」では豊臣方の劣勢は著しく、重成も死を覚悟して臨むほかなかった。討ち取られたときに遺体が醜くならないように食を断ち、身を清めて髪には香を焚いて出陣。その気迫は藤堂高虎を退かせるほどであったが、「赤備え」を継承した井伊直孝部隊の猛攻にさらされ、奮闘空しく戦死する。

生まれてから仕えた主君は秀頼ひとり。ほかの生き方を探るつもりもなかったであろう。秀頼への忠義に従って散ることこそ、若い重成の本望だったのである。

◆その熱き志は決して男たちにも負けてはいなかった

義を貫いた気高き女性たち

戦国時代の武家に生まれた女性たちは、御家のための道具として扱われ、政略結婚や人質として余所《よそ》の家に差し出されることがほとんどであった。ここでは、そんな殺伐とした社会のなかで男顔負けの義の道をまっとうした、強き女性たちを紹介しよう。

【お市の方】 一五四七～一五八三年

織田信長の妹。浅井長政の元に嫁ぐが、長政は信長の敵に回り敗れる。夫とともに自害しようとするが、長政の説得により織田家に返される。

【お松の方】 一五四七～一六一七年

前田利家の正室で武芸にも秀でていた。「関ヶ原の戦い」で前田家に謀反の疑いがかけられると、自ら徳川家に人質に入り、潔白を主張した。

【冬姫】 一五六一～一六四一年

織田信長の次女で蒲生氏郷に嫁ぐ。絶世の美女と謳われ、天下人・秀吉に側室に入るよう求められるが、夫との操を守るためこれを拒否した。

【小松姫】 一五七三～一六二〇年

本多忠勝の娘で、真田信之に嫁ぐ。「関ヶ原の戦い」で敵となった義父・真田昌幸が孫の顔を見に訪ねてきた際、戦装束を身に纏って入城を拒否した。

【細川ガラシャ】 一五六三～一六〇〇年

明智光秀の三女で、細川忠興に嫁ぐ。「関ヶ原の戦い」の際に人質にされそうになるが、自害を禁じられたクリスチャンのため、配下に槍を突かせて死去。

【淀殿】 一五六九～一六一五年

浅井長政とお市の方のあいだにできた娘で、豊臣秀吉の側室。息子の秀頼が後継ぎとなり、豊臣家の実権を握るが、徳川家康の手により滅亡する。

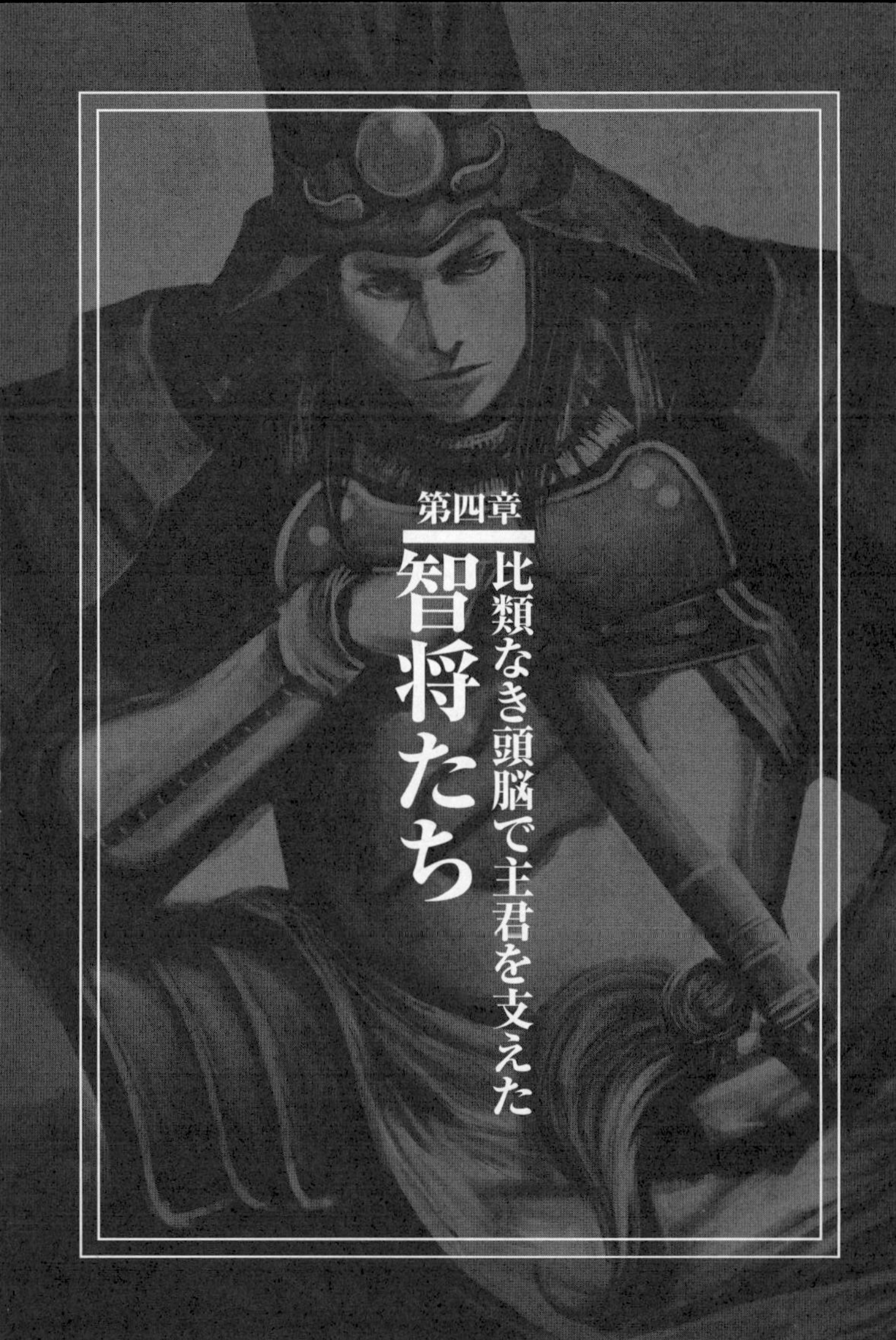

第四章

比類なき頭脳で主君を支えた智将たち

帷幕にあって勝利を決定づけた智謀

●戦さに必要不可欠な存在・軍師

戦乱の世で活躍できるのは、武芸に秀でた者たちだけではない。培ってきた智略を武器とする、いわゆる智将たちも戦さにおいては重要なキーパーソンである。

智将と聞いて真っ先に思い浮かぶのは、軍師の存在ではないだろうか。軍師は自軍に勝利をもたらすべく戦略を練りあげる重要な役割を担っており、戦国大名や一軍を任せられた武将たちは、躍起になって優秀な軍師を探していた。どれだけ優れた軍師を配下に置くことができるかで、その者の趨勢《すうせい》が変わるといっても過言ではないだろう。

戦国時代において名を残した軍師はそれほど多くはない。代表的な人物で名をあげると、秀吉に仕えた竹中半兵衛や黒田官兵衛、石田三成に雇われた島左近などが有名であろうか……。

この時代、優れた軍師が貴重な存在だったことがよくわかるというものだ。

●戦さ以外でも活躍する智将たち

軍師の役割にも含まれているが、国を運営するために必要不可欠な、政治・外交面で活躍した者たちも智将と呼ぶべき存在だ。

足利義昭と織田信長のあいだを取りもった細川藤孝や、徳川家康が将軍職に就けるように朝廷との交渉役を一手に引き受けた本多正信。地味な役所ではあるが、交渉ごとを行う人物は、やはり切れ者でなければ務まらない。

戦いの影で繰り広げられていた脳が痺《しび》れるような智略戦の数々も、無視してはならない戦国時代の興のひとつなのである。

竹中半兵衛

卓越した軍略で秀吉を支えた天才軍師

一五四四〜一五七九年

■なぜ稲葉山城を乗っ取ったのか？

竹中半兵衛《たけなかはんべえ》は、本名を竹中重治《しげはる》、または重虎《しげとら》といい、半兵衛は通称である。半兵衛は、美濃（現在の岐阜県南部）斎藤氏の家臣であった竹中家の次男として生まれた。父を早くに亡くした半兵衛は十代で家督を継ぐことになり、菩提山城の城主として斎藤義龍に仕え、一年後に義龍が死去すると後を継いだ斎藤龍興に仕えた。

しかし、新たに当主となった龍興は、「美濃の蝮《まむし》」と呼ばれた祖父・斎藤道三や道三を廃して後を継いだ梟雄・義龍とは異なり凡庸な人物であった。当時、たびたび尾張（現在の愛知県西部）の織田信長から侵攻を受けており、家中は穏やかではなかったが、龍興は政務を顧みないばかりか酒や色に溺れる有様。半兵衛は、侵攻してくる織田軍を伏兵をもって撃ち破って防戦に努めていたという。

そんななか、半兵衛が二十歳のころに、弟の竹中重矩《しげのり》や安藤守就らわずか十数人で稲葉山城を乗っ取るという事件を起こした。稲葉山城は、信長が数度に渡って攻

略に失敗している斎藤氏の居城で、これを知った信長は美濃半分を条件に帰順するようにと呼びかけたが、半兵衛はこれを断るとしばらくしたのちに城を龍興に返し、国外へ退去したといわれている。

半兵衛がなぜこのような行為に及んだのかは定かではないが、主君である龍興に対する諌止《かんし》のためという説や安藤守就が失脚させられたためという説、暗君を見限って決起したものの予想したより支持が得られずに退去したという説、また半兵衛は体が弱く痩身で女性のようだったことから、龍興の寵臣に侮られて屈辱を受けたことがあり、その寵臣の宿直《とのい》を狙って決起して斬殺したという説など、さまざまな説がある。

いずれにせよ、半兵衛は城を返却したのち美濃を去り、隣国の浅井氏に客分として迎えられている。

■機転を利かして黒田官兵衛の息子を助ける

浅井氏に仕えてから三年後、半兵衛のもとに信長の命で派遣された豊臣秀吉が織田陣営に勧誘した。このとき、半兵衛は秀吉の器量を見抜いていたとされ、秀吉の家臣としてならということで了承したという。

こうして織田陣営に加わった半兵衛は、朝倉・浅井連合軍との戦いでは浅井氏に仕えた際の人脈を生かした調略で活躍し、浅井方の城をいくつか寝返らせることに成功している。秀吉が中国征討の司令官となると半兵衛もこれに随行し、宇喜多氏の八幡山城を調略によって落城させ、信長に賞賛されている。

このころ、秀吉のもとにやってきた黒田官兵衛と知己《ちき》になったが、信長の配下だった荒木村重が謀反を起こした際に、説得に向かった官兵衛が幽閉されるという事件が起きた。官兵衛は信長に嫡子の松寿丸を人質に出していたが、幽閉された事実を知らない信長は、官兵衛も離反したと判断し秀吉に松寿丸の殺害を命じる。

しかし、自身も官兵衛を信じており、また松寿丸を討つに忍びず苦慮する秀吉をみた半兵衛は、松寿丸殺害の任を引き受けると密かに松寿丸を居城の奥にかくまい、城下で病死した子供の首を代わりに差し出したのであった。

これは、秀吉にも秘密で行われたため、のちに官兵衛が無事に救出されて忠義を貫いていたことがわかると、信長と秀吉はともに愕然とすることになったが、直後に松寿丸の生存が公にされ、官兵衛父子は半兵衛を終生の恩人としたのであった。

しかし、半兵衛はこれより少し前、播磨（現在の兵庫県西部）の三木城攻めの最中に病で倒れ、半兵衛の身を案じた秀吉が京都で一時療養させたが、回復には至らなかった。武人らしく陣中での死を願った半兵衛は、再度秀吉の陣へ復帰し、そのまま三十六歳の若さで陣没してしまった。

病弱だった天才軍師は、陣没を前にして秀吉に三木城攻めの献策をしており、その方向性は朋友・黒田官兵衛に受け継がれたのであった。

主君・秀吉さえも怖れた天下の奇才

黒田官兵衛

一五四六〜一六〇四年

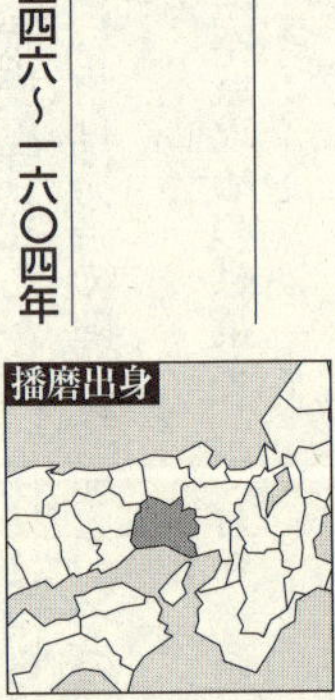

播磨出身

■織田信長の台頭を見抜いて早くから臣従を表明する

号である黒田官兵衛《くろだかんべえ》は、本名を黒田孝高《よしたか》といい、播磨（現在の兵庫県西部）姫路城の城代だった小寺職隆《もとたか》の子として生まれた。小寺というのは、当時の姫路城主の姓で、父・職隆が賜って改姓していたものである。よって、若いころの官兵衛も小寺姓を名乗っていた。

十六歳のとき、主君に召しだされた官兵衛は、近習として仕えることになる。若いころから才気あふれていた官兵衛は、二十二歳のときに父・職隆の隠居とともに家督を継ぎ、小寺家筆頭家老と姫路城城代を務めることになった。

当時、播磨は多くの群雄が割拠していたが、守護職だった赤松氏の衰退とともに毛利氏の支配下に入りつつあった。しかし、官兵衛は当時東で台頭著しかった織田信長に注目し、三十歳のときに主君を説得して信長に謁見してよしみを通じ、このとき豊臣秀吉に引き合わされている。

こののち、信長の命で秀吉が「中国征伐」を開始すると、官兵衛は率先して播磨の諸大名を説得して回り、播磨一円は争わずして信長傘下に入ったのである。

ところが、後方支援にあたっていた摂津（現在の大阪府）の荒木村重が信長に反旗を翻し、播磨と信長の勢力圏が寸断されてしまった。官兵衛は、自ら説得役として村重の居城である有岡城へ向かったが、説得に失敗して地下の土牢に幽閉されてしまう。信長が村重の討伐を終えた十一ヶ月後、官兵衛は憔悴《しょうすい》した姿で救出されたが、厳しい牢獄生活の影響で正常な歩行が困難になっていたという。

官兵衛が幽閉されているあいだ、主君だった小寺氏をはじめ、播磨の諸大名が毛利氏への支持を表明し、相次いで離反する事態となっていた。父・職隆や家臣たちは小寺氏と絶縁し、信長方として戦うことに決めていたため、信長に救出された官兵衛は絶縁した小寺氏の姓を捨て、黒田姓に戻している。

秀吉の陣営に入ることになった官兵衛は、専任参謀として秀吉陣営の最高幕僚として腕を振るい、反旗を翻した播磨を征討した功績で領国を得て大名となったのちも、秀吉の西方征討に随行して攻城戦や宇喜多氏の懐柔などで活躍した。

■九州で最後の大博打をうつ

官兵衛の力によって、勢力拡大は順調に進んでいったが、ここで事件が起きる。備中（現在の岡山県南部）高松城での攻防の最中、「本能寺の変」が起きたのだ。

評定の結果、秀吉の遠征軍は急ぎ東方へ戻り、謀反の首謀者である明智光秀を討つことになった。如水は、毛利方の外交役だった安国寺恵瓊《えけい》を説得して速やかに和睦を成立させると、信長の弔い合戦である「山崎の戦い」に参加。以後「賤ヶ岳の戦い」や「小牧・長久手の戦い」などに参加して、秀吉の権力拡大に貢献した。

また、その後の「四国征伐」や「九州征伐」でも大いに力を振るい、九州征伐が終了すると豊前（現在の福岡県東部と大分県北部）十二万石に移封されたのである。

しかし、本能寺の変の折に「天下取りの好機」と進言したことで、官兵衛は秀吉からその才能を危険視されはじめたことから、隠居して「如水円清」と号し、以後「黒田如水」と名乗ることになる。

秀吉が亡くなって二年後の一六〇〇年、徳川家康の上杉氏征伐を契機に「関ヶ原の戦い」がはじまると、官兵衛は蓄財していた金銀を放出して軍を募り、独自に九州で活動を開始。東軍で同じく九州の大名であった加藤清正らと呼応して、西軍諸大名の所領を次々と攻略していった。一見東軍に味方すると見えるこの行動の裏には、実は関ヶ原で争っているあいだに九州に自身の基盤を築きあげ、中央での勝者と雌雄を決しようという官兵衛最後の壮大な目論見があった。だが、わずか一日で決着がついてしまったため、彼の野望は実現しなかった。

秀吉のもとで力を振るった官兵衛は天下をも狙える逸材だったが、晩年は仲睦まじかった妻とともに、質素ながら欲とは無縁で心穏やかに暮らしたという。

山本勘介

武田信玄を支えた隻眼の参謀

生年不詳〜一五六一年

■はっきりとしない山本勘介の存在

武田軍の軍師として知られる山《やま》本《もと》勘《かん》介《すけ》は、勘助であったともいわれ、江戸時代前期に書かれた『甲陽軍鑑』にのみその名が見られる人物で、明治時代以降は架空の人物であるというのが通説であった。

しかし、昭和に入ってから「山本菅助」の名が入った書状が発見され、現在では山本勘介は一応実在した人物であるという見方が有力である。

とはいえ、実際は『甲陽軍鑑』に書かれているような軍師的存在ではなく、伝令将校だったのではないかとされている。また、書状にあった「山本菅助」と一般に知られている山本勘介が同一の人物かどうかは定かではなく、今後の研究が待たれるところである。

よって、ここでは『甲陽軍鑑』をはじめとする、軍記物に描かれた勘介の姿を紹介していくことにする。

第四章◆◆比類なき頭脳で主君を支えた智将たち
山本勘介

■武田信玄のピンチを救う

勘介は、三河（現在の愛知県東部）の生まれ、もしくは駿河（現在の静岡県中部）で生まれたのちに三河の大林氏の養子になったとされる。

二十歳（もしくは二十六歳）のころから武者修行をはじめた勘介は、約十年もの間諸国を回って兵法を学び、築城術や陣法を極めたという。

そののち、三十七歳になった勘介は今川氏に仕官しようと駿河へ入ったが、色黒で隻眼なうえに足が不自由だったために採用されなかった。

しかし、駿河に築城術に長けた浪人がいると聞きつけた武田氏の家臣が勘介のもとを訪れ、武田信玄に推挙された。

勘介は、入国にあたって侮られないようにと、信玄から槍や馬など仕度の品を用意され、躑躅《つつじ》ヶ崎の館で対面を果たして二百貫で取り立てられた。

信玄が信濃（現在の長野県）へ侵攻した際、勘介は九箇所の城を陥落させる功をあげ、三百貫の知行を得ることとなった。のちに、信玄が村上氏の砥石城を攻めた際、武田軍は激しい反撃にあって総崩れとなるが、勘介が五十騎を率いて村上勢を陽動するあいだに態勢を立て直すように進言。信玄は軍を立て直すと、勘介の采配で村上勢を撃ち破り、この功績で勘介は知行を八百に加増されて足軽大将になった。

武田軍の家中にもその力を認められた勘介は、上杉謙信に備えて海津城の築城を進言し、自ら城を築いたという。

■川中島の合戦で策を見破られ討ち死にする

一五六一年、謙信が一万三千の軍を率いて川中島に進出し、妻女山《さいじょ》に陣取って海津城を脅かした。信玄が二万の軍を率いて海津城へ入ると、同行した勘介は作戦の立案を命じられ、馬場信房とともに策を練って「啄木鳥《きつつき》戦法」を献策した。

「啄木鳥戦法」とは、まず軍勢を大きく二手にわけて、夜間のうちに別働隊を妻女山にいる上杉軍の裏手に接近させ、夜明けとともに攻撃をかける。すると、奇襲に驚いた上杉軍が山を降りるので、そこで待ち受ける信玄の本隊とともに挟撃して撃ち破るというものであった。

こうして、信玄は自ら八千の兵を率いて八幡原に布陣し、別働隊一万二千を妻女山へと向かわせた。ところが、夕食時の煙の数の多さから奇襲を察知した謙信は、武田軍の別働隊が移動しているあいだに密かに妻女山を降りて八幡原に布陣し、逆に夜明けとともに信玄の本隊へ奇襲をかけてきたのである。

信玄と雌雄を決すべく猛攻を加える上杉軍の前に、武田軍は大将格の武将数人が討ち取られる事態となる。勘介は敵陣に突入して奮戦したが、討ち取られたという。『甲陽軍鑑』の記述に関しては、合戦の時期が異なるなど誤記が多く、史料性に問題があるとされる。勘介活躍の真実がいつ明らかになるのか、注目していきたい。

片倉小十郎

独眼竜の懐刀にして奥州一の智将

一五五七〜一六一五年

■政宗の軍師として伊達家興隆に尽力する

片倉《かたくら》小十郎《こじゅうろう》の「小十郎」は片倉家の当主が代々名乗った通称で、単に「片倉小十郎」といった場合、武家としての片倉家を興した初代・片倉景綱《かげつな》を指すことが多い。片倉小十郎は、米沢にある八幡神社の神職の家に生まれた。若いころ、伊達家の当主だった伊達輝宗に見いだされ、小姓として仕えることになった。

小十郎が十九歳のとき、伊達家の重臣の推挙を得て、当時九歳だった伊達政宗の近侍となった。政宗は疱瘡《ほうそう》（天然痘）をわずらったために右目を失明しており、また眼球が飛び出して醜い容貌だった。周囲の心が離れかけていたため、政宗は無口で暗い性格になっていたが、小十郎は政宗を侍医のもとへ連れて行くと、潰れた眼球を小刀で一気に抉《えぐ》り出し、これを契機に政宗は快活な少年に変貌したという。

また、政宗が初陣のとき、敵兵を追って突出しすぎて逆に囲まれてしまったが、機転を利かせた小十郎が「我こそは伊達政宗なり！」と叫んで敵を引きつけ、窮地

片倉小十郎

を救ったという逸話もある。どちらの話からも、主人・政宗に対する小十郎の忠義ぶりがよくうかがえる。

当時、奥州（現在の東北地方）もまたいくつかの勢力が割拠しており、争乱がたえなかった。輝宗が隠居して政宗が伊達家の当主となると、小十郎は政宗の軍師として重用され、状況に応じて四方を奔走して働いた。

伊達家が世代交代するきっかけとなった「人取橋の戦い」では、政宗びいきだった輝宗が死亡してしまった。また、小十郎を推挙してくれた遠藤基信をはじめ、多くの重臣が殉死してしまったことから、政宗は伊達家当主としての手腕を試されることとなる。

この当時、近隣には盧名氏や佐竹氏といった強力な勢力が存在しており、争乱はたえなかった。政宗は小十郎との絆を深めつつことにあたり、小十郎もまたよく期待に応えた。ふたりの結束がなければ、伊達家の未来はなかったかもしれない。

■政宗の潰えぬ野望を見抜く

のちに「武の伊達成実《しげさね》（政宗の従兄弟）、智の片倉小十郎」と称された小十郎だが、政治面だけでなく武にも優れており、政宗が対立勢力と真っ向から激突した乾坤一《けんこんいっ》擲《てき》の戦いである「摺上原《すりあげはら》の戦い」では、成実とともに先陣を務めて武功をあげた。

「摺上原の戦い」で、ライバルである芦名氏を滅亡へ追い込むと、政宗は家臣団の身分を区分けした封建的体制で、まとめあげることにした。

小十郎の片倉家は、区分上は伊達家「一門」の身分ではなく次席の「一家」の身分となったが、小十郎が政宗にとって特別な存在であることは変わりがなく、また外部からも政宗の第一の家臣として認められていたようだ。

政宗を補佐して奥州をまとめあげた小十郎だったが、豊臣秀吉の天下はすでに間近にせまっており、伊達家にも「小田原征伐」出陣要請が送られてきた。

これに出陣すれば、秀吉に屈したこととほぼ同義であることから、家中では賛成派と反対派に分かれて議論が起きたが、小十郎は時の趨勢を冷静に見定め、小田原征伐へのより早い参陣を政宗に訴えたという。

のちに、伊達家を支え続けた小十郎の才能を見抜いた秀吉は、五万石で召抱えようとしたが、小十郎は政宗への忠義を理由に断ったとされている。

天下の大勢はほぼ決したが、「関ヶ原の戦い」に関連して親類の最上氏と上杉氏が争った際には、「上杉方に味方してまず最上氏を倒し、疲弊した上杉氏も倒せば双方の領国を得られる」と奇策を進言している。いまだ消えぬ政宗の野心を十分に把握した、小十郎ならではの進言といってよいだろう。

こののち、天下は徳川家康に傾いて「大坂の陣」が勃発。小十郎は病で出陣できず、代わりに派遣した息子の重長が活躍。これが認められた結果、「一国一城令」発布後も白石城の存続を認められ、代々片倉家の城として存続したのである。

島左近

脅威の戦闘力を有した関ヶ原の鬼神

一五四〇～一六〇〇年

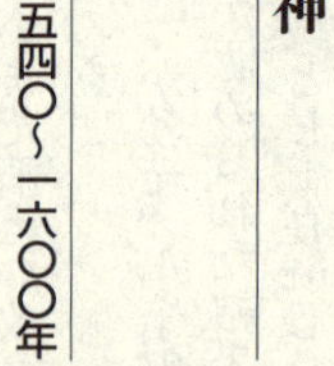

■石田三成の熱意にほだされ配下となる

「三成に過ぎたるもの」とまでいわれた名軍師・島左近《しまさこん》は、元々大和（現在の奈良県）の戦国大名・筒井順慶に仕えていた。筒井家の敵は戦国の梟雄と呼ばれた松永久秀。生半可な軍略では太刀打ちできず、左近は松永との戦いを通じて己を磨きあげ、やがてこの強敵を撃退。筒井家に島左近あり、とその名を全国に轟かせたのだった。しかし、筒井家が代替わりして非道な政治を行うようになると、左近は主君に絶望して出奔。近江（現在の滋賀県）にて浪人生活を送るようになる。このまま地に埋もれてしまうには惜しい逸材、とさまざまな大名から仕官の誘いがくるが、左近は再び同じ思いを味わうことを恐れたのか、ことごとくこれを断るのだった。

そんな左近をどうしても手元に置きたかった男が石田三成である。近江の領主となった三成は自らの足で左近の元に赴き、必死の説得に加えてなんと自分の禄の半分である二万石という破格の待遇で仕官を求めた。主人と同じ俸禄の家臣など、今

までに例のないことである。さすがの左近もこれには心を動かされ、三成を主と仰ぐことを決意した。なお、左近は決して金で動いたわけではない。

のちに三成は出世し、それに伴って左近の禄も増やそうとしたが、左近はそれを断り民に還元してほしいと願い出たという。三成の心意気に動かされ仕官を決めたことがよくわかるエピソードであるといえよう。

信頼に値する人物であると認めた三成に対して、左近は忠節の限りを尽くす。ふたりは二人三脚で進み、確実に豊臣家の重要な地位へと食い込んでいった。また、信頼し合っていたからこそ、左近は時に三成の言動を諫めることもあった。

三成は義心に厚い男であったが、自分の周囲に集まらない者を見下したり、目の前のことばかりに固執し、物事を全体で捉えないという欠点があったのだ。これを見抜いていた左近は、ことあるごとに注意を促したという。

■関ヶ原の戦いで意地を見せる

豊臣秀吉の死後、左近は早くから三成と徳川家康が激突するであろうことを予感していた。しかもその場合、三成の敗北が濃厚であることも見えていたため、なんとかして家康を排除すべく画策するが、すべては徒労に終わる。

やがて家康が天下取りを意識し出すと、三成ら旧豊臣方の西軍と徳川方の東軍に分かれ日本各地で戦いが勃発。そして決戦の舞台は天下分け目の関ヶ原へ。

左近は三成の軍に従軍し、決戦の前哨戦となる「杭瀬川《くいせがわ》の戦い」で采配を振る。目の前で田を刈るという挑発行為で敵をおびき出すと、あらかじめ準備しておいた伏兵でこれを徹底的に撃退した。小規模な戦いではあったが、その華麗な用兵には家康も感心し、西軍侮り難しとの印象を与えたのだった。

士気も大いに上がり、翌日の決戦でも序盤は西軍が有利に戦いを進めていく。しかし、勢いもここまでだった。小早川秀秋が裏切ったのを皮切りに、西軍の将が次々と東軍に寝返ったのだ。頼みの毛利軍も味方のはずの吉川広家軍が進路を塞ぎ、動くことができない。こうして西軍は完全に崩壊。左近が常々注意していたが、結局三成は軍全体を見通すことができず、内なる敵に気がつかなかったのである。

西軍の敗北を確信した左近は、三成を逃がすために目の前の黒田長政軍に討ち死に覚悟の特攻を敢行した。「かかれ――!」という声とともに鬼神の如き猛攻を見せる左近。受けて立った長政はあまりの勢いに恐怖し、この戦いを思い出しては何年も悪夢に悩まされ続けたという。そして戦いは終結。三成は捕らえられ、斬首となったが、左近の行方は要としてわからなかった。

これは、覚悟を決めて切腹したが敵に首級をあげさせぬため、死体を地中深くに埋めるよう部下に指示したからといわれている。だが、関ヶ原から無事に生き延びたという説もある。そうだとしたら、自分の軍略を披露する時代は終わったと、どこかで静かに太平の世を眺めていたのだろうか……。

文武に優れ、部下からも慕われた勇将

蒲生氏郷

一五五六～一五九五年

■自ら奮闘して家臣に手本を示す

蒲生《がもう》氏郷《うじさと》は、奥州藤原氏の血統といわれる近江（現在の滋賀県）の蒲生家に生まれた。氏郷が十三歳のころ、主家であった六角氏が滅ぼされ蒲生家は織田信長に仕えることになったため、氏郷は信長のもとへ人質として送られた。

その後、たびたび合戦で武功をあげた氏郷は、信長の末娘を娶って実家に戻り、一武将として認められる。以後、「姉川の戦い」や「小谷城の戦い」、長島一向一揆征討、「長篠の戦い」などで活躍。信長が「本能寺の変」で倒れると、機転を利かせて安土城にいた信長の妻子を、自身の居城だった日野城へ移して保護している。

こののち、氏郷は豊臣秀吉に仕えることになり、「小牧・長久手の戦い」や「九州征伐」など、数々の戦いで腕を振るった。

氏郷は数多くの戦に参加したが、常に自ら奮戦して家臣に手本を示した。新たに家臣に加わった者がいると、「銀の鯰《なまず》尾《お》の兜をかぶった者を見かけたら、劣らぬ働

きをするよう心がけよ」といい、新参者がいざ戦場で銀の鯰尾の兜をかぶった武者を見つけると氏郷本人だった、という逸話も残されている。

また、軍規には厳しかったが情には厚い人物で、軍規を犯して先駆けで功をあげた部下に対し、成敗するのではなく懇々と理を説いてきかせたという話もある。

文武に優れていただけでなく家臣の掌握もうまかった氏郷は、秀吉に実力を恐れられるようになり、陸奥（現在の福島県、宮城県、岩手県、青森県と秋田県の一部）へ転封となった。

氏郷に野望があったかはわからないが、力を尽くして働いた結果がこれというのは、満足してはいなかったであろう。

秀吉の天下統一を陰で支えた史上屈指の名補佐役

豊臣秀長

一五四〇～一五九一年

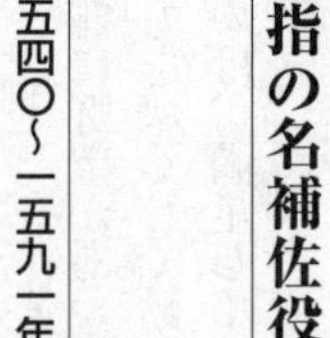

■無益な争いを好まず多くの大名を説得して降伏させる

豊臣秀吉の異母弟である豊《とよ》臣《とみ》秀《ひで》長《なが》が、いつ秀吉に仕えはじめたかは定かでない。秀吉が正室と結婚したころだろうと推測されており、これは秀長が二十四歳のころということになる。当初は、秀吉から細かい仕事を任されることが多かったようで、その関係から「秀吉の補佐的な存在」となっていたという。

秀吉の主君だった織田信長が、朝倉氏と戦っていたころには戦場に出ており、浅井氏が寝返って挟撃された際には、殿軍を引き受けた秀吉とともに奮戦している。

このの ち、秀吉とともに各地を転戦したが、特に播磨（現在の兵庫県西部）の攻略で功があったとされ、のちに但馬（現在の兵庫県北部）に領土を与えられて大名となった。「本能寺の変」が起こると、黒田官兵衛らと「山崎の戦い」に参加して戦功をあげ、続く「賤ヶ岳の戦い」や「小牧・長久手の戦い」に参加した。温厚で懐の広い性格だった秀長は、「四国征伐」において四国統一を成し遂げていた長曾

我部元親を説得して降伏させ、この功績から大和（現在の奈良県）の郡山城に入って百十六万石に加増された。

当時、秀長の領地は大和・紀伊（現在の和歌山県と三重県南部）の和泉（現在の大阪府の一部）といった、寺社勢力が強い地域であったが、平和裏のうちに治めることに成功したのも、秀長の人徳であろう。

また、「九州征伐」でも早くから島津氏と交渉を行っており、和議を結んで降伏させている。

このように、秀長は秀吉の片腕として働きながらもムダな争いは好まず、人との和を大切にした人物だったため、五十歳ほどで病死してしまったときには、多くの人に惜しまれたという。

秀長はまさしく仁者であったのだ。

細川藤孝

戦国乱世を見事に渡り切った武人兼文化人

一五三四〜一六一〇年

■将軍には側近として、秀吉には文化人として仕える

細《ほそ》川《かわ》藤《ふじ》孝《たか》は室町幕府奉公衆の三淵家に生まれ、七歳のときに父の兄であった細川元常の養子となり、二十歳のころに細川家の当主となる。

一説には、十二代将軍・足利義晴の御落胤ともいわれるが定かではない。また、出家したのちの細川幽《ゆう》斎《さい》の名でも広く知られている。

幕臣として十三代将軍・足利義輝に仕えていたが、一五六五年の「永禄の変」で義輝が暗殺されると、弟の足利義昭を救出して京を脱出。義昭を将軍として擁立するため、六角氏や朝倉氏を頼って奔走したのち、織田信長を頼ることになった。

信長が義昭を奉じて入京したのちは、ともに三好三人衆と戦ったが、義昭と信長が不和になると、ふたりのあいだを取り成すために奔走。しかし、義昭が挙兵した際に諫めたものの聞き入れられなかったため、義昭を見限って信長に臣従している。

こののち、石山本願寺や紀伊（現在の和歌山県と三重県南部）の雑賀衆攻め、松

永久秀討伐などで明智光秀と協力する機会が多くなり、息子の細川忠興が光秀の娘と結婚して姻戚関係となった。
　しかし、「本能寺の変」が起きた際には、光秀からの協力要請を断ると剃髪して出家し、家督を息子の忠興に譲って隠居してしまった。
　藤孝は、塚原《つかはら》卜伝《ぼくでん》に剣術を学び、吉田雪荷からは弓術の印可を受けるなど武芸に通じていただけでなく、藤原定家から連綿と受け継がれている二条流歌道の伝承者で、古今伝授の第一人者として知られる存在だった。間違いなく当代随一の文化人だった藤孝は、隠居したのちも千利休らとともに、文化人として秀吉から遇されたのである。
　秀吉が没したのちは徳川家康に接近し、京で悠々自適な生活を送った。

細川忠興

関ヶ原で奮戦、家康の天下取りに貢献した武将

一五六三〜一六四六年

■関ヶ原の戦いで諸大名の動向に影響を与える

細川忠興《ほそかわただおき》は、室町幕府の幕臣・細川藤孝の嫡男である。父・藤孝と行動をともにしていた忠興は、織田信長の嫡男である織田信忠に仕えることになった。十五歳のとき、紀伊（現在の和歌山県と三重県南部）の雑賀衆攻めで初陣を飾り、信長から離反した松永久秀の配下の城を父とともに落とした際には、信長から感状を受けた。また、このころ父・藤孝が明智光秀と僚友だった関係から、信長の仲介で光秀の娘・玉子（細川ガラシャ）と結婚している。「本能寺の変」では、義理の父である光秀から協力要請があったが、父・藤孝とともに断って豊臣秀吉につき、妻に累が及ぶのを防ぐため幽閉という処置をとった。

こののち、忠興は秀吉に仕えて活躍したが、秀吉が没してからは徳川家康に接近した。忠興もまた、秀吉の「朝鮮出兵」に参加しており、武断派のひとりとして石田三成と対立したのである。

一六〇〇年の「関ヶ原の戦い」では、京に正室と父・藤孝がいたものの、いち早く東軍への参加を表明。豊臣恩顧の諸大名の去就に、少なからず影響を与えたようだ。

しかし、在京中の妻子を人質にとろうと考えた三成の策略により襲撃を受けた妻のガラシャ夫人が、人質になることを拒み自決する事件が起きた。愛妻家としても知られた忠興は、妻の死にただただ涙したといわれている。

関ヶ原本戦では、忠興は三成隊と激闘を演じ、その功績から豊前（現在の福岡県東部と大分県北部）中津藩三十九万九千石を与えられた。

愛する妻を失ったが、細川家は徳川方大名として認知され、息子の代には熊本藩の祖となり繁栄したのだった。

豊臣秀吉の縁者にして内政で力を振るった行政官

浅野長政

一五四七〜一六一一年

■行政手腕を買われて五奉行の筆頭となる

尾張（現在の愛知県西部）の安井氏の子として生まれた浅野《あさの》長政《ながまさ》は、叔父・浅野長勝に嫡男がいなかったことから、長勝の娘のもとへ婿養子として浅野家に入り、家督を相続することになった。また、長勝の養女・ねねが豊臣秀吉に嫁いだことから、長政は秀吉の親戚として秀吉につき従うことになる。

こののち、長政は近江（現在の滋賀県）の浅井氏征討で初陣を飾ったが、以後しばらくは目だって武功を立てたという話はないようで、内政に力を振るっていたと思われる。

信長が「本能寺の変」で倒れると、秀吉につき従って「賤ヶ岳の戦い」で戦功をあげ、近江の一部二万石を与えられて京都の奉行職を務めた。地味な性格ながら行政手腕が優れていた長政は、秀吉が太閤検地を行った際にもその才能をよく発揮したようである。

また、このころ秀吉の妹が徳川家康に嫁いでおり、その際に徳川家

康と面識を得たという。

こののち、若狭（現在の福井県南部）八万石に転封され五奉行の筆頭となる。

同僚の石田三成とは仲が悪かったといわれているが、近年では息子の浅野幸長と三成が犬猿の仲だったため、あいだに挟まれて苦慮していたという説もあり、三成との仲がどうだったのかは明確にされていない。

しかし、一五九九年には石田三成の讒言《ざんげん》のため、息子・幸長に家督を譲って隠居したとされており、なんらかの軋轢《あつれき》はあったのだろう。

一六〇〇年の「関ヶ原の戦い」では、息子の幸長が武断派閥だった影響もあるのか東軍について戦い、のちに常陸（現在の茨城県の一部）の真壁に隠居料として五万石を与えられた。

徳川幕府成立を画策した当代きっての謀略家

本多正信

一五三八〜一六一六年

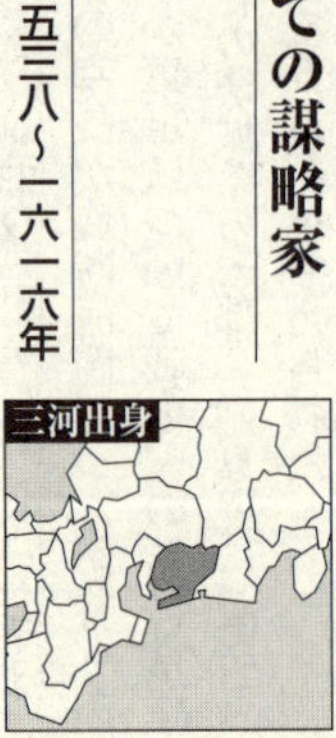

■一度は出奔しながらも帰参して、家康の信頼を得る

本多《ほんだ》正信《まさのぶ》は、三河（現在の愛知県東部）の本多俊正の子として生まれた。当初、正信は徳川家康に鷹匠として仕えていたが、二十五歳のころに三河で一向一揆が起きると一揆側に与して家康と対立。一揆が鎮圧されたのちは、出奔して大和（現在の奈良県）へ渡り、松永久秀に仕えたといわれる。

こののち、正信は久秀のもとも辞して諸国を放浪し、その後に大久保忠世のはからいで徳川氏に帰参が許されたが、この時期も定かではない。

しかし、「本能寺の変」が起こった際には、家康とともに伊賀越えを行ったとされていることから、遅くともそれ以前には帰参していたようである。

家康が武田氏の旧領を得た際に、正信は奉行として甲斐（現在の山梨県）と信濃（現在の長野県）の統治を任されていることから、行政手腕には優れていたようだ。

豊臣秀吉が没すると、正信は家康の参謀として活躍するようになり、さまざまな

謀略を献策して家康の権力拡大に貢献し、信頼を得ていった。

一六〇〇年の「関ヶ原の戦い」では、家康の息子である徳川秀忠につき従って本戦に遅参する失態もあったが、幕府開設の際には、家康の将軍就任に向けて朝廷との交渉に尽力したといわれ、いわば徳川幕府成立の立役者ともいえる存在であった。

家康が隠居して秀忠が二代将軍となると、正信は秀忠の顧問的な役割を請け負って権勢を振るった。

本多忠勝や大久保忠隣など、武断派からは反感を買ったが、正信に対する家康の信頼は変わらなかったという。

乱世が終わったことで、時代はむしろ謀略家を必要としており、正信はこののちも出世していくのであった。

巧みに見抜いて、主君を次々と変えた異能の武将

藤堂高虎

一五五六〜一六三〇年

■危難を迎えそうな主人を見分けることができる特異な能力

歴史小説などではよく日和見武将的な描かれ方をする藤堂高虎《とうどうたかとら》は、何度も主君を変えたことで知られている。しかし、儒教的な主君への絶対的忠義を武士の心得とするようになったのは、強固な封建体制が必要とされた江戸時代以降のことで、戦国時代では自身の裁量で仕える主君を変更するのは、当然のことだったのである。

高虎は、地元の戦国大名だった浅井家に仕官。十四歳のときに「姉川の合戦」に参加して戦功をあげ、早くから頭角を現している。

浅井家が織田信長に滅ぼされると、浅井家の旧臣だった阿閉貞征《あつじさだゆき》や磯野員昌《いそのかずまさ》に仕えたのち、信長の甥・織田信澄に仕えたがやはり長続きせず、「姉川の合戦」から六年後、豊臣秀吉の弟・豊臣秀長に仕えてようやく落ち着いたのだった。

貞征はのちに明智光秀の謀反に加わり一族は滅亡。員昌は織田家に降ったあとに追放され、信澄は「本能寺の変」の混乱のなかで殺された。難儀を受けて退場する

ことになる、これらの武将のもとを去ったのは、高虎が優れた人物鑑定眼をもっていたことの証明ともいえる。
　秀長のもとではきっちり働いて出世しており、秀長が病没するまで忠義を尽くしていることからも、仕える相手をしっかり見定めていたのだということがわかるだろう。
「関ヶ原の戦い」以降は徳川家康に接近するが、そもそも個人的に懇意だったこと、「朝鮮出兵」では高虎も朝鮮へ渡っており、立場が武断派寄りだったことも関係していると思われる。
　家康に忠義を尽くした高虎は、絶大な信頼を得て譜代の臣と同等の扱いを受けるようになったのだから、彼の処世術は決して間違っていなかったといえるのではないだろうか。

小早川隆景

強力な毛利水軍を束ねた知謀の将

一五三三〜一五九七年

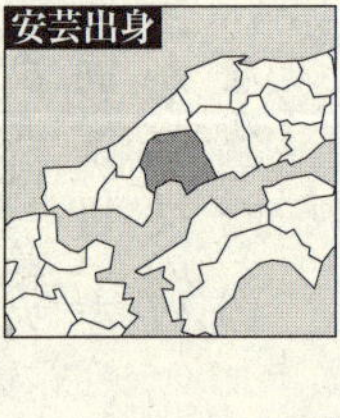

■豊臣秀吉に恩を売り、毛利家安泰をはかる

小《こ》早《ばや》川《かわ》隆《たか》景《かげ》は、吉川家に養子に入った兄・吉川元春とともに、「毛利の両川」として毛利家を支えたことでよく知られている。毛利家の三男として生まれた隆景は、のちに竹原・小早川家の養子に入り、当主となった。この縁組は平和的に行われたが、宗家である沼田・小早川家の当主となった際には、もとの当主を隠居させて家臣団を一掃するという強引なものだった。しかし、これらは父・元就と当時は主家だった大内氏との話し合いで行われており、隆景が企んだわけではない。

毛利といえば水軍が有名だが、もともと毛利氏の水軍は非力で、水軍が強力な戦力となるのは、隆景が周囲の水軍を味方にしてからのことである。

また、まっすぐで剛直な性格の兄・元春とは異なり、隆景は謀略に長けた智将であり、毛利家乾坤一擲の勝負であった「厳島《いつくしま》の戦い」では、瀬戸内で勢力を張っていた付近の海賊を味方に引き入れて陶《すえ》軍の退路を断ったほか、父の部隊と呼応した

上陸作戦で敵本陣を挟撃して混乱に陥れている。こののちも隆景は毛利軍の一翼を担い、水軍を率いて合戦に参加。九州から侵攻してきた大友氏や、織田信長の九鬼水軍と戦って撃ち破った。

豊臣秀吉が中国地方へ攻めてくると、早くから和睦を模索して交渉をしていた。「本能寺の変」で信長が倒れると、引きあげる秀吉を追撃せずに恩を売り、秀吉に臣従してからは積極的に協力することで信頼させた。

この結果、秀吉から才能を高く評価された隆景は、「本能寺の変」の際に追撃しなかったことの感謝も含めて、毛利宗家とともに重用されただけでなく、破格の待遇を受けることになった。

隆景の先見の明が、毛利家の存続につながったといってよいだろう。

堀秀政

一五五三〜一五九〇年

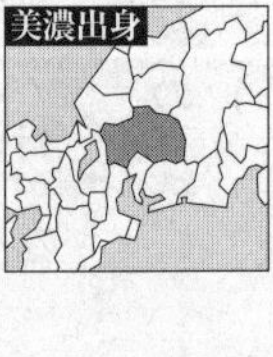

■政治に長け民衆からも慕われた仁将

美濃（現在の岐阜県南部）の堀家に長男として生まれた堀秀政《ほりひでまさ》は、十三歳のときに織田信長に側近として取り立てられた。十六歳のときには、将軍・足利義昭の仮住まいだった本圀寺《ほんこくじ》の普請奉行を務めており、早いころから頭角を現していた。

やがて戦さにも参加するようになった秀政は、越前（現在の福井県北部）の一向一揆討伐や紀伊（現在の和歌山県と三重県南部）の雑賀衆討伐、伊賀の攻略などに従軍した。

「本能寺の変」以後は豊臣秀吉の家臣となり、信長の弔い合戦である「山崎の戦い」や「小牧・長久手の戦い」などで活躍。のちに、「四国征伐」での戦功で十八万石の大名となったが、「小田原征伐」の最中に病にかかり、三十八歳で陣没した。

秀政は政治にも長けた人物で、民衆から政治を批判されると、「誠に有難い諫言である」として諸役人を集めて改善させ、人々から「品行左衛門督」と呼ばれ、褒め称えられた。秀政が亡くなった際も、「天下の政治を任せても少しの落ち度もなかっただろう」と、身分の上下を問わず多くの人が悲しんだという。

宇佐美定満

生年不詳～一五六四年

■身をもって謙信の不安の種を廃した老将

宇《う》佐《さ》美《み》定《さだ》満《みつ》は、十七世紀に紀州藩の軍学者によって紹介された、宇佐美定行のモデルとなった人物として知られている。

定満は、もともと上杉氏の一族である上条上杉氏に兵法家として仕えていたとされ、のちに上杉謙信の父・長尾為景に降った。長尾家で家督争いが起きると謙信側に味方し、対抗勢力であった一族の長尾政景との戦いで戦功をあげている。

しかし、謙信自身が軍事に優れていたこともあってか、このの ち定満は目立った戦功をあげたようすはない。

一五六四年、すでに七十六歳という老齢に達していた定満は、政景の居城である坂戸城付近の野尻池に政景を舟遊びに誘い、ともに池に落ちて溺死した。

この事件は謀殺だといわれているが、謙信の命によるものかどうかは定かでない。謙信は、家臣となったのちも政景を警戒していたようだが、事件後に宇佐美家は追放処分となっている。もともと兵法家だったという定満の気概が、謙信の不安の種である政景を身をもって粛清するという、独断の行動に走らせたのかもしれない。

酒井忠次

一五二七〜一五九六年

■徳川家康を幼いころから支え続けた忠臣

徳川四天王の筆頭として知られる酒《さか》井《い》忠《ただ》次《つぐ》は、徳川家がまだ松平姓だったころ、徳川家康の父の代から仕えた譜代の臣である。家康が今川家に人質として出されたときもつき従い、家康が今川家から独立した際は、家老として取り立てられた。

このの ち、忠次は家康とともに「姉川の戦い」や「三方ヶ原の戦い」など、主だった戦いに参加して武功を重ねており、家康からの信頼も厚かった。

ところが、あるとき家康の長男・信康が武田家と通じていると密告があったことから、忠次は織田信長に呼び出された。信長の詰問に対して弁明した忠次だったが、激高した信長には効果もなく、信康は切腹することになってしまった。

もともと信長との同盟を強く勧めたのは忠次だったともいわれており、信康を救えなかった忠次は、ほかの家臣たちからも非難を浴びる。

家康が豊臣秀吉の傘下に入ると、忠次は秀吉に厚く遇されたことから家康の不信を買い、徳川家で若手が台頭してきたこともあって、晩年は不遇だったという。重臣だったがゆえに難題を背負うことになったのは、忠次にとって不運だった。

石川数正

生年不詳～一五九三年

■家康のもとで外交手腕を発揮した智将

石川《いしかわ》数正《かずまさ》は、酒井忠次と同様に、徳川家康が今川家に人質に出されたころからつき従っていた譜代の臣で、今川家との同盟関係で織田信長と戦った際には、先鋒を務めて活躍。のちに信長と同盟を結ぶことになった際には、交渉役として奔走し、同盟の締結に大きく貢献している。

数正は、家康の主だった戦いに参加して数々の武功をたてているが、のちに台頭してきた豊臣秀吉との交渉役も一手に引き受けており、外交手腕は並々ならぬものがあったと考えられる。無骨者揃いの三河軍団にあっては、数正のような存在はなくてはならない存在だったのだろう。

そんな数正だったが、突如として秀吉のもとに出奔。秀吉の家臣となって、のちに信濃（現在の長野県）松本十万石を与えられ、松本藩の祖となった。

出奔の理由は定かではないが、数正の出奔後に家康が陣法を変えたというから、家康が承知していたということはなかったようだ。長らく秀吉との交渉を担っていただけに、関係を疑われてしまったというのが有力なのではないだろうか。

安国寺恵瓊

生年不詳～一六〇〇年

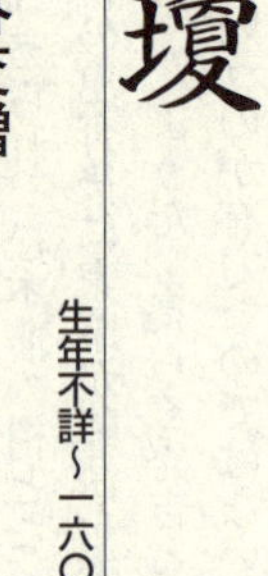

■大名に取り立てられた異色の外交僧

安《あん》国《こく》寺《じ》恵《え》瓊《けい》は、毛利元就に滅ぼされた安芸（現在の広島県西部）武田氏の縁者で、十一歳のときに上洛して出家し僧になった。南禅寺で修行して長老となった恵瓊は、安芸・安国寺に赴いて教えを受け住持を兼ねるようになったが、武にも詳しかったことから毛利輝元の信任を受け、外交僧として政治に参加するようになる。「本能寺の変」で織田信長が討たれた際は、毛利氏と豊臣秀吉との和睦を取りまとめ、のちに毛利氏が臣従する際にも奔走したことで秀吉の信頼を得て、伊予（現在の愛媛県）に六万石の領地を与えられ、僧でありながら大名となった。

秀吉の側近も務めるようになった恵瓊は、やがて石田三成と懇意となり、「関ヶ原の戦い」では輝元を総大将として参戦させることに成功する。

しかし、西軍についたことで毛利家の行く末を案じた吉川広家が、毛利軍の動きを止めたため戦闘には参加できず、西軍が敗北したのち捕縛されて斬首された。「毛利の両川」と呼ばれた小早川隆景や吉川元春は、恵瓊を信用できない人物と評しており、「舌先三寸」の人物と見ていたようだ。

太原雪斎

一四九六〜一五五五年

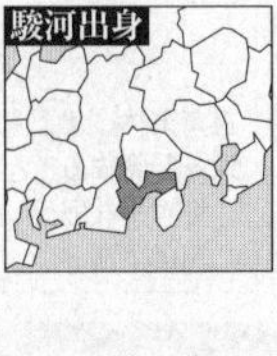

■三国同盟を成立させた今川義元の懐刀

駿河（現在の静岡県中部）にある善得寺の僧だった太原《たいげん》雪斎《せっさい》は、京の建仁寺で十八年修行し、のちに妙心寺の高僧となる。修行時代から秀才との呼び声が高かった雪斎は、今川家からまだ幼かった義元を預けられて養育係となった。

今川家の当主だった氏親が亡くなり、跡を継いだ義元の兄も亡くなると、異母兄弟との後継者争いが起こる。学問のみならず兵法にも明るかった雪斎は、義元擁立の中心として家臣団の中核を担った。対立勢力を一気に叩くべきだと考えた雪斎は、軍師役を務めて各拠点を急襲。対立勢力の掃討に成功したのであった。

こののち、雪斎は政治と軍事双方の最高顧問として、今川家当主となった義元から大きな信頼を寄せられ、何事もふたりで相談して決めたという。

特に、甲斐（現在の山梨県）の武田氏、相模（現在の神奈川県）の北条氏を引き込んで、三国同盟を成立させた手腕は、現在でも高く評価されている。惜しむらくは、一五五五年に六十歳で没してしまったことで、五年後の「桶狭間の戦い」のときに雪斎が存命であれば、敗北はなかっただろうとまでいわれている。

◆古代より伝わる戦術の基本

八つの基本陣形

陣形とは、合戦における部隊配置のことで、歩兵が中心となる戦国時代初期においては特に重要視された。配置法によってさまざまな形が存在し、兵の数や地形などに応じた陣形を組むことで、戦況を有利に運ぶことが可能となる。

ここでは、古代中国の戦の天才・諸葛亮が編み出したといわれる八つの陣形を紹介しよう。武田信玄や上杉謙信は、陣形のエキスパートで、状況に応じて部隊を動かし、これらの陣形を自在に組み替えることができたという。

◆8つの基本陣形

衡《こう》軛《やく》の陣	長《ちょう》蛇《だ》の陣	雁《がん》行《こう》の陣	鶴《かく》翼《よく》の陣
	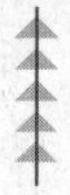	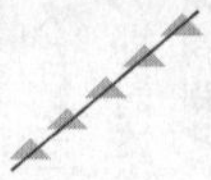	
横に分かれて広がることで、長蛇や鋒矢で突っ込んできた敵軍に対処できる陣。	部隊を一直線に並べる。前方に対して強力だが、横から攻撃されると弱い。	敵の出方に応じてさまざまな形に切り替えることが可能な、応用力のある陣形。	部隊を横に広げ、敵を取り囲むことが可能。大軍が必要となるのが欠点。

魚《ぎょ》鱗《りん》の陣	鋒《ほう》矢《し》の陣	偃《えん》月《げつ》の陣	方《ほう》円《えん》の陣

三角形内に多数の部隊を配置することで、さまざまな局面に対応可能な陣形。	矢印形の攻撃陣形で、突撃の際に使用。少ない兵力でも配置可能なのが強み。	追いつめられた際に取る陣形で、有名な「背水の陣」とはこのことを差す。	八方を敵に塞がれた際の迎撃陣形で、攻撃には用いない。大将は中心に置く。

第五章

覇権を争った
戦略家武将たち

武将のなかの武将、武勇と機略で勢力を拡大

●支配者の条件

戦国大名が目指したもの。それはやはり全国制覇なのであろう。隣国に攻め込んで支配領土を増やし、それと同時に優秀な人材も確保する。必要とあらば他国と同盟を結ぶなど、外交にも頭を悩まさなければならない。国を統治するということは、それほどの苦労が必要なのである。

戦国大名とは、支配者であると同時に、戦いと政治に通じた知勇兼備の戦略家武将でなければ務まらないのだ。もちろん、その器をもたない戦国大名たちも数多く存在した。だが、彼らは時代の荒波に呑まれて淘汰されることになる。

●武将のなかの武将、それが戦略家武将

戦略家武将の代表といえば、天下人となった豊臣秀吉や徳川家康だろう。特に秀吉に関しては、農民出身ながらも天下人までのぼり詰めたほどである。その能力の高さは我々の想像の域を遥かに超えていたのではないだろうか。

また、甲斐に覇を唱えた武田信玄や、「土佐の出来人」とあだ名された四国の雄・長曾我部元親なども、特筆したエピソードをもつ。彼らは己が頭に描いたプラン通りに物事を進め、着実に支配領土を広げていった。時流に乗っていれば、彼らが天下を取った日もあったかもしれない。

時代が彼らを求めたのか、それとも動乱によって彼らが成長したのか。戦略家武将たちの生き様を読み解けば、戦国という激動の時代に少しでも触れられるのではないだろうか。

武田信玄

戦国最強軍団を率いた甲斐の虎

一五二一〜一五七三年

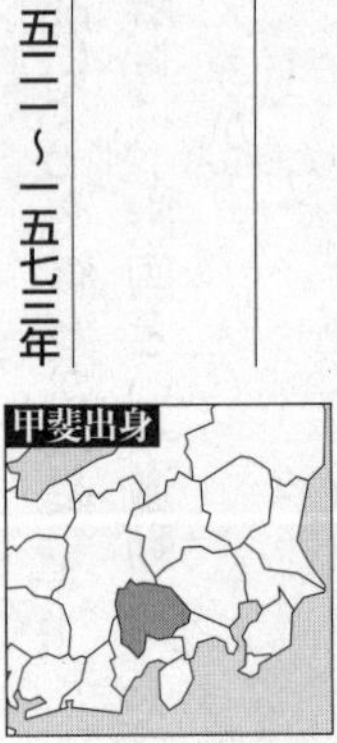

■父・信虎を追放し武田家の当主となる

「甲斐の虎」として名高い武《たけ》田《だ》信《しん》玄《げん》は、清和源氏の流れを汲む名門・甲斐（現在の山梨県）武田氏の十八代目、武田信虎の長男として生まれた。

幼いころより高僧について学問を学んだ信玄は利発な少年に育っていく。しかし、弱冠十四歳で家督を継いだ父・信虎は、利発で自分に似ていない信玄を次第に疎ましく思うようになっていく。

一五三六年、元服した信玄は、甲斐の地盤固めが終わって信濃（現在の長野県）攻略を開始した父に従い、佐久郡の攻略で初陣を飾る。その後も父・信虎につき従った信玄だったが、父との確執は深まるばかりで家臣たちの不安の種となる。また領内では、度重なる軍役に対する不満の声が高まっていった。

一五四一年、こうした背景から信玄は家臣の協力のもと、父・信虎を当時姻戚関係にあった駿河（現在の静岡県中部）の今川氏のもとへ追放したのであった。

幼いころから中国の書物に触れ、"親孝行"をもっとも大切なことと説く儒教の思想も学んでいた信玄にとって、実の父を追放するという行為は断腸の思いだったに違いない。しかし、彼はまた領民にも責任がある身だったのである。

しかし、信虎を追放したことについては、領民はもちろん、家臣からも異を唱える者は誰ひとりとしていなかったというから、信虎も随分と嫌われたものである。

こうして武田氏十九代目当主となった信玄は、父・信虎を反面教師として家臣の諫言にも耳を傾けつつ、結束をより強固なものにしていった。

■信濃や駿河を併呑し、一大勢力を築きあげる

一五四二年、信玄は諏訪氏の内紛に乗じた諏訪の併呑を皮切りに、信濃へ侵攻を開始。このころ、智将・真田幸隆や隻眼の軍師・山本勘介が陣営に加わっている。

そののち、信玄の勢いに危機感を強めて手を結んだ、信濃豪族の実力者・村上義清や小笠原長時の逆襲にあい、板垣信方や甘利虎泰といった重鎮を失った。しかし、己の慢心を反省した信玄は、巧みな謀略で両名の戦力を削ぎ落として撃ち破り、義清と長時は越後（現在の新潟県）の上杉謙信を頼って落ち延びたのだった。

かくして、一五五三年に謙信と北信豪族の連合軍が越後より南下し、「第一次川中島の戦い」が勃発する。以後、信玄は十二年の間五度に渡り、謙信と川中島で戦うことになる。しかし、最初の戦いで謙信のただならぬ采配ぶりと越後の兵の強さ

を認識した信玄は、可能な限り正面からの戦いを避けた。
「第四次川中島の戦い」では、信玄の片腕だった、弟・武田信繁や山本勘介が討ち死にする一幕もあったが、川中島周辺の豪族を合戦と調略を使い分けながら取り込み、最終的に北信濃をほぼ手中に収めたのであった。

信濃攻略を終えた信玄は、西上野《こうずけ》（現在の群馬県西部）を攻略。一五六〇年に今川義元が織田信長に討たれると、義元の娘を娶った長男・武田義信に猛反対されながらも、駿河攻略を決意。義信との不和から家中に流れた不穏な空気を一掃するため、やむなく大規模な粛清を行い、義信は二年後に自刃することになってしまった。

一五六八年、信玄は駿河攻略を開始。共同作戦をとった徳川家康と衝突したほか、今川氏真の妻が北条氏康の娘だったことから北条氏と戦になり、一時は占領した駿河を放棄する事態となったが、一五七〇年に再度侵攻して完全に手中に収めた。

このころ、将軍・足利義昭を擁して織田信長が義昭と不和となり、全国に信長討伐の御内書を発送された。これを受けた信玄は、約三万の軍勢を起こして西上を開始し、立ち塞がる徳川軍を蹴散らして家康を震え上がらせた。しかし、一五七三年、持病の労咳《ろうがい》（肺結核）が悪化。甲斐への帰国途中で亡くなった。

一大版図を誇った武田領だったが、信玄は必ず躑躅《つつじ》ヶ崎へ戻ってきた。信玄は終生、ただひたすらに「強き甲斐の国」を目指していたのである。信長の台頭や勝頼への不安……。巨星の最後は、心安らかにとはいかなかったようだ。

下克上の世を駆け抜けた史上最大の調略師

豊臣秀吉

一五三六〜一五九八年

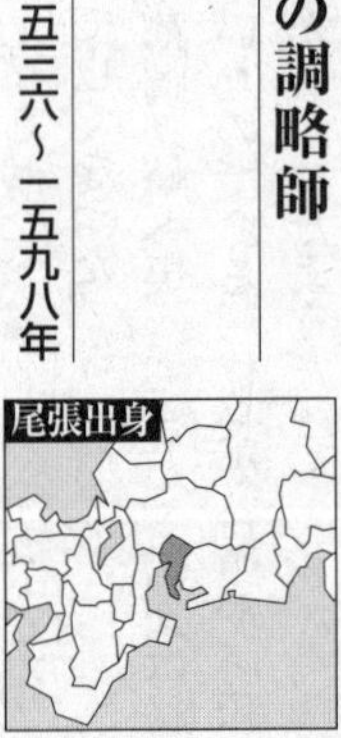

■調略を駆使してめきめきと頭角を表す

豊《とよ》臣《とみ》秀《ひで》吉《よし》は本名を木下藤吉郎といい、尾張（現在の愛知県西部）の木下家に生まれた。生家の職については、貧しい農民の子だったというのが通説のようだが、もっと裕福な庄屋クラスの農民だったとか、織田信長の父・織田信秀の足軽だったという説などもある。

いずれにせよ、秀吉はよく比較される信長や徳川家康のように、領主の家に生まれたのではないことは確かだ。

若いころの秀吉は、ひょうきんで人当たりのよい性格で、豪商の生駒家に居候していたころに蜂須賀小六や前野長康など、のちのちまで家臣となる人物たちと出会い、懇意にしていたという。

今川氏や徳川氏の家臣を経たのち、信長に小者として仕えることになった秀吉は、信長の居城である清洲城内での仕事を率先して引き受け、頭角を現していった。

信長が越前（現在の福井県の北部）の朝倉氏を攻めたとき、突如反旗を翻した浅井氏に背後から襲われ、織田軍は危機的状況に陥った。ここで秀吉は、明智光秀らとともに殿軍を引き受け、奮戦して敵を食い止めたのであった。

これは、秀吉にとって最初の大きな功績となったが、秀吉自身は小柄で、豪勇無双の士とは程遠かった。

しかし、これ以前に配下に加えていた小六や長康といった、旧知の友人たちの力を借りることで、務めを果たすことができたのである。このあたりに、秀吉が普段から人づき合いを重視していたようすがうかがえる。

譜代の臣などいなかった秀吉は、浅井氏が滅亡して旧領を任されると、積極的に人材を集めており、石田三成などを登用した。

こののち、信長に反旗を翻した松永久秀の討伐で功をあげ、続く中国攻めでは新たに加わった黒田官兵衛の強力を得て、姫路城を拠点に各地を攻略。調略を駆使して宇喜多直家を味方に引き入れたほか、城攻めにおいても兵糧攻めや水攻めといった味方の消耗を抑える方法をとるなど、柔軟な対応で手腕を発揮している。

■織田信長の後継者争いに勝利して天下人となる

信長が「本能寺の変」で横死すると、毛利軍との戦いを中止して弔い合戦に向かうことを即断。即座に毛利軍と講和を結ぶと、軍勢を驚異的な速さで反転させて京へ戻り、謀反を起こした光秀を「山崎の戦い」で討ち破ってのちの信長の後継者争いで優位にたった。

信長の後継者を巡る一連の争いでは、信長の旧臣である柴田勝家や家康と戦うことになる。勝家との戦いでは、北国を領国とする勝家が冬に軍を動かせない弱点を突いて同盟勢力を攻略。「賤ヶ岳の戦い」で勝家と直接対決にもちこんで勝利した。織田信雄を擁した家康との争いでは、「小牧・長久手の戦い」でこそ戦達者な家康に翻弄されたものの、持ち前の政治力を発揮して信雄と単独講和を結ぶことで大義名分を失わせ、事態を収束させている。こうして自身の座を不動にした秀吉は、四国の長曾我部氏、九州の島津氏などを屈服させたのち、「小田原征伐」で関東の雄・北条氏を降して天下統一を成し遂げた。

天下を平定した秀吉は、信長の「楽市楽座」を継承して商業振興を行うかたわら、「太閤検地」を行って税制を確立させ、「刀狩り」の実施で兵農分離をはかるとともに、農民の武士への転職を禁止して身分制度を徹底し、幕藩体制の基礎を築いた。

しかし、京の都改造での強引な町割りやたび重なる普請から、民衆のあいだからは不満の声があがり、一方諸大名には「朝鮮出兵」などで重い負担を強いた。

また、性格でも厳しい面が目立ったようで、長康らは「殿は変わられた」と嘆いたという。巨大な権力を握ると人が変わってしまうのは、今も昔も同じということなのか、そういう面では秀吉もまた例外ではなかったようだ。

野戦では無類の強さを発揮した戦国三大英傑のひとり

徳川家康

一五四三～一六一六年

三河（現在の愛知県東部）の弱小大名から成りあがり、「関ヶ原の戦い」に勝利して天下統一を成し遂げた徳《とく》川《がわ》家《いえ》康《やす》。確固たる基盤もなく、幼少期には人質にされるという憂き目にあいながらも、不屈の精神でこれを乗り越え、天下人へとのぼりつめた英傑である。

■苦難の幼少期

家康は三河の土豪である松平広忠の長男として生を享けた。かつては三河一帯を支配していた松平氏だが、家康が生まれたころには大きく凋落。東の今川義元、西の織田信秀といった列強の脅威にさらされ、存亡の危機ともいえる状態にあった。

広忠はこの危機を打開するべく、今川氏の支援を受けて織田氏と対決することを決断。わずか六歳であった家康は、今川氏のもとへ送られることとなる。のちに天下人となる家康だが、その幼少期は明日をも知れぬ身として、不遇の時を過ごすことになる。

■秀吉と渡り合い、互角以上の戦いをみせる

家康の人質生活は、義元が「桶狭間の戦い」で敗れるまでの十二年間にも及んだ。義元の死後、ようやく人質生活を脱して徳川家へと復帰した家康は、すぐさま今川領であった岡崎城を奪還。今川氏との縁を切り、新たに織田信長と同盟を結んで、三河の統一に成功する。また、朝廷からも三河守に任命され、この時期に名を松平から徳川に改めている。

信長の後ろ盾を得て勢力の拡大を成し遂げた家康だが、このとき運命の転機となる出来事が起こる。ほかでもない、「本能寺の変」による信長の死である。これは家康の生涯で最大のピンチともいわれているが、逆に見ればチャンスでもあった。というのも、一大勢力である織田家との同盟は決して同等のものではなく、これまでにも信長から武田と密通しているとの嫌疑をかけられた長男と妻を泣く泣く処刑にするなど、同盟とは名ばかりの属国のような扱いを受けていた。家康にとって信長は、必要であると同時に、邪魔な存在でもあったのではないだろうか。

実際、このときの家康は、すかさず空白地となった甲斐（現在の山梨県）と信濃（現在の長野県）を手中に収めて領土を拡大。信長の基盤を継いだ豊臣秀吉に対しても、すなおに屈服せず抵抗を見せている。特に「小牧・長久手の戦い」では、圧倒的多数の豊臣軍相手に善戦。天下に徳川ありと大きく知らしめる。最終的に家康は

秀吉に従って豊臣政権入りするのだが、このときの抵抗により、秀吉は完全に家康を服従させることができなかった。そのため家康は、豊臣政権内でも大きな影響力をもつ大名として、確固たる地位を確立するのである。

■機が熟するのを待って天下統一に乗り出す

豊臣に従属したとはいえ、家康は天下取りをあきらめたわけではなかった。関東への国替えを命じられた家康は、密かに所領の増大に邁進。来るべき時に備えて力を蓄えつつ、ひたすら天下取りの好機が訪れるのを待ったのである。

そして、秀吉が死ぬと、家康はすかさず行動に出る。家康は「息子である秀頼が成人するまで政事を家康に託す」という秀吉の遺言を利用して実権を握ると、諸大名の屋敷を頻繁に訪問するなどして、巧みに味方を増やした。

しかし、こうした家康の動きに対し、五大老の前田利家や五奉行の石田三成らが反発。今彼らと対立することは得策でないと判断した家康は、またしても〝待つ〟作戦に出る。そして、利家が病死し、もはや自分と互角に渡り合えるだけの勢力を持った人物がいなくなったと見るや、本格的に豊臣家断絶に乗り出したのである。

徳川と豊臣が天下を争った「関ヶ原の戦い」では、家康率いる東軍が勝利を収め、天下は徳川のものとなる。こうして乱世は終わりを告げ、以降、三百年にも渡る徳川幕府の歴史が幕を開けるのである。

天下の覇権を夢見た四国の覇者

長曾我部元親

一五三九〜一五九九年

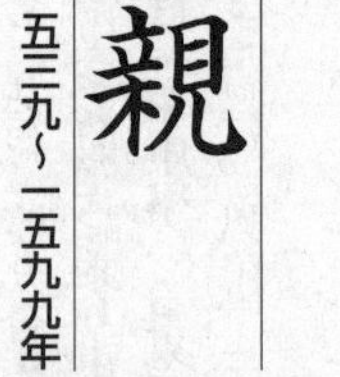

■父の仇を討ち、土佐の統一を果たす

土佐（現在の高知県）の国人だった長曾我部家は、長曾我部元親《ちょうそかべもとちか》の祖父・兼序《かねつぐ》の代に滅亡の危機に瀕した。しかし、元親の父である国親がかろうじて難を逃れ、雌伏の時を経たのちに家を再興。土佐の統一に乗り出していった。

長曾我部元親は、一五三九年、土佐の岡豊《おこう》で生まれた。意気盛んな父をもった元親だったが、生まれつき色白で柔和な性格をしていた彼は「姫若子」などと呼ばれ、父の国親も行く末をかなり心配していたという。

初陣を迎えた時期も、二十一歳と当時としてはやや遅いほうで、しかも槍の使い方を戦場で家臣に聞くという有様だったが、いざ戦いがはじまると、元親は周囲の予想を越えた働きぶりを見せ、驚いた家臣たちは彼を「土佐の出来人」と呼ぶようになった。

初陣で周囲の不安を払拭して見せた元親だったが、これを見て安堵したのか、

父・国親が亡くなってしまった。当主となった元親は、父の遺業である祖父・兼序の仇であった本山氏との戦いを続行し、これを葬り去った。

この結果、土佐に残る有力な勢力は、安芸氏と一条氏のみとなる。安芸氏と一条氏は姻戚関係だったため、まず伊予（現在の愛媛県）の西園寺氏と戦っていた一条氏を援護して懐柔し、先に安芸氏と戦って撃ち破った。こののち、一条氏で内紛が生じたため、これに乗じて婚姻によって取り込み土佐の統一を果たしたのであった。

■念願の四国統一。そして……

初陣から十五年を経て、ようやく土佐を統一した元親は、三十も半ばを迎え意気盛んな時期であった。また、祖父や父の覇気を受け継いだ彼が、土佐統一を終えた今、四国統一を考えはじめてもなんら不思議ではないだろう。

また、もともと山がちだった土佐の土地には耕地が少なく、ともに戦った家臣たちへ十分な恩賞を与えることは困難だった。四国統一で新たな地を得ることは、ともに戦ってきた家臣たちの生活基盤を確保するという目的にも、かなうものであったのだろう。

当時、阿波（現在の徳島県）讃岐（現在の香川県）には三好氏がおり、伊予には西園寺氏や河野氏などが割拠していた。元親は、まず四州の境に程近い要所の白地を奪取すると、ここを中心として各地へ進撃していった。

途中、三好氏からの助力を要請された織田信長が、元親にまったをかける一幕もあったが、「本能寺の変」が起こったため事なきを得ている。

信長が倒れたのち、本州は後継者争いにゆれることになる。元親は、もっとも天下に近い豊臣秀吉と対立した柴田勝家や徳川家康などと結びつつ、その間に四国統一を果たして本州へ乗り出そうと考えていたようである。

しかし、元親が阿波と讃岐を完全に攻略したころには本州の動乱は終局を迎え、秀吉を倒す機会を逃してしまったのであった。

一五八五年、元親はついに四国統一を成し遂げたが、たびたび敵対した元親を秀吉が放っておくはずもなく、秀吉の「四国征伐」がはじまる。総勢十一万を越える大軍の前に元親も善戦したものの、結局は降伏することとなった。

秀吉に降った元親は、こののちむしろ積極的に秀吉に協力するようになる。元親の態度は、彼が秀吉の才気を認めたことを示すとともに、敗れたからには従うという、彼の潔さの表れでもあるだろう。また、土佐一国は安堵されたことに対して、秀吉に恩義を感じていたのかも知れない。秀吉のほうでも律儀な元親を気に入っていたらしく、元親が島津氏征討で長男を失った際には秀吉みずから弔問に訪れ、元親を気遣う様子が見られたという。

その後も、元親は「朝鮮出兵」などに参加。内政では塩田開発などを進め、決して豊かとはいえない土佐のために尽力し、六十一歳で波乱に満ちた生涯を閉じた。

名家の矜持と魂を受け継いだ関東のプリンス

北条氏康

一五一五～一五七一年

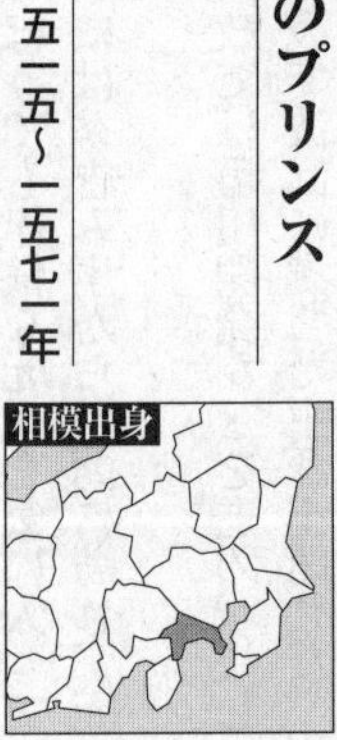

■山内・扇谷上杉氏の大軍を撃ち破って関東支配を確立

北条《ほうじょう》氏康《うじやす》は、北条氏の二代目・北条氏綱の子として生まれた。北条氏はもともと伊勢氏を名乗っていたが、関東支配の正統性を主張するため、鎌倉時代に関東を支配した北条氏にちなんで氏綱の代に姓を変え、以後北条氏を名乗ることになる。氏康も、当初は伊勢姓を名乗っていたが、のちに北条姓を名乗るようになった。

十五歳で元服した氏康は、直後の扇谷上杉氏による侵攻に際して、大将として迎撃に出陣し初陣を飾った。その後も父とともに、小弓公方・足利義明、里見氏連合軍との戦いである「第一次国府台の戦い」に参加している。

二十七歳のとき父・氏綱が亡くなったことで家督を相続することになる。当時、北条氏は古河公方の足利氏から関東管領職に任ぜられており、婚姻関係も成立させて足利氏の一族として、名実ともに最大の地位を確立していた。

一五四五年、今川義元が当主となってから敵対するようになった今川氏が、甲斐

（現在の山梨県）の武田信玄と結んで河東地域（富士川東側の地域を指す）に侵攻。また、これに呼応した山内・扇谷の両上杉氏が、数万の大軍を率いて河越城（現在の埼玉県川越市）へ進出、これを包囲するという事態を迎えた。

河東地域と河越方面を同時に攻められることになった氏康は、信玄の調停による今川氏との和睦を受け入れた。河東地域を今川氏に事実上割譲することになったが、これで扇谷上杉氏への対応に専念することができるようになったのだ。

翌年、八千の兵を率いて河越城の救援に向かった氏康は、偽りの降伏をして上杉軍の油断をさそうと、夜襲をかけて上杉軍を討ち破って大勝利を収めた。

「河越の戦い」とよばれのちの「桶狭間の戦い」や「厳島の戦い」とともに、日本の三大夜戦として数えられるこの戦いでは、扇谷上杉氏の当主・朝定が戦死して扇谷上杉氏は滅亡、山内上杉氏の当主・憲政もこの戦いを契機に衰退。のちに越後（現在の新潟県）へ追放されることとなり、北条氏による関東支配をほぼ確立した。

■江戸幕府も模倣したという氏康の領国統治

関東の支配権をより強固にするため、古河公方・足利晴氏に妹を嫁がせていたが、北条氏の覇権に反感を抱く晴氏を戦で降して幽閉すると、外甥にあたる義氏を擁立し、権威の面でも北条氏の立場を磐石なものとした。

このころ、氏康は内政にも力を注いでおり、領国内の検地を行って領民の負担を明確にすることで統制を円滑にしたほか、税制改革を行って中間搾取を削減し、領民の負担軽減に尽力した。また、評定衆を制定して領内の訴状処理に当たらせたほか、目安箱を設置して直接北条に不法を訴えられるようにすることで中間支配層を牽制し、北条氏の権力を拡大しつつも領民からは信頼される善政をしいた。

こうした数々の政策は、のちに江戸幕府にも採用されており、北条氏の行政機関は、当時ではもっとも先進的な優れたものであったといわれる。

こののち、山内上杉氏を庇護した上杉謙信との戦いを前に、氏康は今川氏、武田氏と婚姻による軍事同盟（甲相駿三国同盟）を締結した。

一五六〇年、ついに上杉謙信は南下を開始。上野（現在の群馬県）や武蔵（現在の埼玉県と東京都、神奈川県の一部）の国人衆を傘下に収め、小田原城に迫る勢いを見せた。しかし、氏康は慌てることなく小田原城に籠城して謙信の大軍をやり過ごし、上杉軍が引きあげたのちに旧領回復に乗り出して失地をほぼ回復した。こののちもたびたび上杉軍の侵攻を受けるが、そのたびに信玄の協力も得て失地を回復している。

一五六八年に、信玄が三国同盟を破棄して駿河（現在の静岡県中部）に侵攻すると、今川氏を援助して出兵する一方、謙信と同盟を結んで対抗した。

こののち、武田氏との小競り合いが続くが、氏康は二年後に大病を患い政務からは完全に身を引き、翌年の一五七一年に五十七歳で没した。

信長に徹底抗戦した剛直なる宗主

本願寺顕如

一五四三〜一五九二年

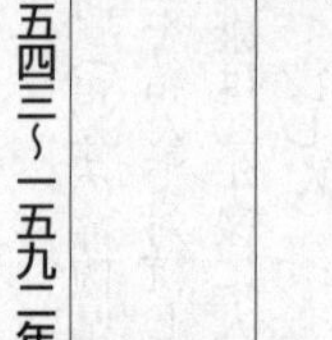

■本願寺勢力が拡大する原動力となった一向宗

戦国時代より三百年ほど前、特別な修行などを必要とせず、念仏を唱えて仏に身を任せるだけでどんな人でも極楽浄土へいけるという、「浄土真宗」が開かれた。

浄土真宗は、個々の信者がほかの人に対して「救済」(お祈り)することを認めた、「信じるものはみな兄弟」的なものだったこともあり、荒んだ戦国の世にあって不幸が絶えない民衆の心の支えとして爆発的に普及し、「一向宗」と呼ばれるようになった。そして、この「一向宗」の総本山が本願寺なのである。

しかし、多くの門徒を抱えるようになった一向宗には、農民だけでなく武士も含まれるようになり、政情の混乱もあいまって教主を主君と仰いだ独立国の建国を望み、武器を取って立ちあがる者が現れはじめた。一四八八年には、加賀で大規模な一揆が起こって国を支配するまでに至っており、徳川家康や上杉謙信のように一向宗を禁じる大名もいたほどであった。

■本願寺十一世として一向宗を束ね隆盛を極める

数多くの信者を抱える本願寺に生まれた顕如《けんにょ》は、本名を本願寺光佐《ほんがんじこうさ》といい、本願寺十世・証如の長男として生まれた。十一歳のころ、父・証如が亡くなると本願寺住職となり、同時に本願寺十一世となった。

顕如が住職となったころは、父・証如の代から行っていた一向一揆の掌握に努める一方、摂津・石山（現在の大阪市中央区付近）に建てられた本願寺を拠点に、各地に寺を建立して大きな勢力を築いていた。当時の石山本願寺は、軍事的要衝にあったばかりでなく強固な石垣をめぐらせており、要塞化されていたという。

なお、この要衝に目をつけた豊臣秀吉が、のちに石山本願寺の跡地に大坂城を築いている。

顕如が二十六歳のころ、織田信長が将軍・足利義昭を奉じて上洛したが、このとき顕如は、為政者に従って秩序を守る手助けをするのが仏法の道であるとする「王法為本」の立場から、当初は信長に従う姿勢をみせていた。

ところが、一向宗門徒の勢力を無視できない信長は、顕如に対する要求を次第にエスカレートさせていく。一方で、門徒の方からは自治・独立を望む声が日増しに高まっていき、顕如は次第に板ばさみの状態になっていった。

そんななか、信長と不仲になった将軍・義昭から信長討伐の御内書が発せられ、また信長から石山本願寺の明け渡しを要求されたこともあり、顕如は一五七〇年、ついに信長に叛旗を翻すことを決意。檄文を飛ばして全国の門徒に呼びかけ、信長との全面戦争に突入したのである。

■諸大名と結んで、十年ものあいだ織田信長を苦しめる

「石山合戦」として知られる信長との戦いでは、将軍・義昭の御内書に呼応した朝倉氏や浅井氏、武田氏、毛利氏などと結んで「反信長包囲網」を結成。自身は石山本願寺に籠城して抵抗したほか、紀伊（現在の和歌山県と三重県南部）雑賀衆のような土豪と結んで、十年間にも渡って信長を苦しめた。

しかし、信長によって朝倉氏や浅井氏が各個撃破されたことで、本願寺は次第に不利となっていき、一五八〇年に天皇の仲裁を受け入れる形でついに屈服した。

顕如は石山本願寺を退去して各地を転々としたのち、豊臣秀吉によって京都に土地を与えられて西本願寺を建立。一五九二年、五十歳で亡くなった。

なお、信長と和睦した際に、徹底抗戦を主張する息子の教如（本願寺光寿）を勘当したが、一部の熱狂的な信者が教如を支持したことから、のちに本願寺は顕如の「西本願寺」と教如の「東本願寺」に分裂することになったのである。

莫大な数の門徒を抱えた顕如は、戦国大名化していかざるを得なかったが、それは諸大名が勃興した戦国時代が、民衆にとって苦難の時代であった証なのだろう。

九州全土を席捲した鬼島津の総帥

島津義久

一五三三〜一六一一年

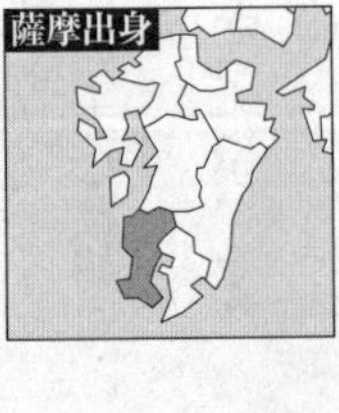

■悲願の三州統一を成し遂げる

島津《しまづ》義久《よしひさ》は、薩摩（現在の鹿児島県西部）に本拠をおく、鎌倉時代からの名門・島津家に生まれた。義久には、義弘・歳久・家久という三人の弟がおり、いずれも武勇に優れていたが、義久は大人しい性格をしていたことから陰口を叩かれることもあった。しかし、祖父の島津忠良は義久の才能を見抜いていたという。義久は、弟の義弘とともにしばしば祖父のもとで過ごし、『六韜《りくとう》』『三略《さんりゃく》』『孫子《そんし》』（いずれも中国の兵法書）を学んだ。

元服したのちは、父に従って弟たちとともに従軍。薩摩での反乱鎮圧や隣国・大隅（現在の鹿児島県東部）平定作戦に参加し、敵対する国人衆を平定していった。大隅を約四年かけて平定したのち、島津氏は日向（現在の宮崎県）を支配する伊東氏との戦いを迎える。この最中、義久は父・貴久の隠居を受けて、三十三歳で島津家の当主となった。

一五七一年になると、父・貴久が死去して義久が本格的に家督を継ぐこととなったが、この機に乗じた伊東氏が三千の兵を率いて侵攻してきた。義久は、武勇に優れた弟の義弘を当たらせ、義弘は三百余りの兵でさんざんに討ち破った。大将・伊東祐安《すけやす》（伊東氏の当主・伊東義祐のいとこ）をはじめ多くの中堅武将を討ち取られた伊東氏は没落。当主の伊東義祐《よしすけ》は、豊後（現在の大分県）の大友氏を頼って落ち延び、島津氏は薩摩・大隅・日向の三州に冠する勢力となった。

■家康と粘り強く交渉、島津氏の領国を守り抜く

しかし、義祐を庇護した大友氏は、大軍をもって日向に侵攻すると高城に攻め寄せた。義久は、弟の家久を高城に入城させて守らせると、自身も二万の軍を率いて救援に向かい、高城城下の小丸川に布陣。たちまち大友軍と戦闘になり、「耳川の戦い」がはじまった。

数で勝っていた大友軍だったが、当主の大友宗麟が不在だったためか統制がとれておらず、各隊がばらばらに攻め寄せてきた。義久は島津氏が得意とする「釣り野伏せ」の戦法を駆使して戦い、また援軍に来ていた義弘の奮戦もあって大友軍をさんざんに討ち破り、戦いを制したのである。

ちなみに「釣り野伏せ」という戦法は、囮となる部隊に敗走を偽装させて敵をおびき寄せ、伏兵とともに包囲殲滅する戦法である。戦いでの敗走は、強固な統制が

取れない限り総崩れになりやすく、戦場では主君に命を預けて奮戦することを旨とする、島津氏ならではの戦法といえるだろう。

大友氏を破った勢いに乗って、義久は親・大友氏の肥後（現在の熊本県）相良氏を降したのち、肥前（現在の佐賀県と長崎県）の龍造寺隆信を破り、最後の勢力である大友氏の領国へと攻め込んだが、当時関白となっていた豊臣秀吉から停戦命令が下された。

弟たちとの協議の結果、義久は停戦命令を跳ねつけ、秀吉配下の連合軍が九州へ押し寄せてくることとなった。先陣は「戸次川の戦い」で討ち破ったものの、後続として総勢二十万を超える大軍が上陸すると「根白坂の戦い」で大敗。義久は主力が消耗する前に降伏すべきと判断して秀吉に降り、島津氏は薩摩・大隈・日向の三州を安堵された。

その後、秀吉の政権下では弟の義弘が当主の扱いを受け、義久は嫌がらせを受けるという有様だったが、義久の発言力は衰えることなく結束を守った。のちの「関ヶ原の戦い」では、義弘が西軍についたものの義久は動かず、敗戦後に徳川家康と粘り強い交渉を行って、義弘の助命ばかりか領国の安堵まで取り付けている。

義久は、派手な戦功こそなかったが、島津氏の当主として家中をよくまとめただけでなく、秀吉や家康との交渉では高い政治力を発揮しており、家を預かるにふさわしい人物だったといえるだろう。

大友宗麟

理想郷の建設を夢見た北九州の覇者

一五三〇～一五八七年

■六州の守護職として隆盛を極める

大友《おおとも》宗麟《そうりん》は、鎌倉時代から守護大名を務めた名家・大友氏の、二十代目当主・大友義鑑《よしあき》の長男として生まれ、本名を大友義鎮《よししげ》という。宗麟の名は出家したのちの号だが、一般には大友宗麟のほうが有名だろう。後年、キリスト教に入信したキリシタン大名としても知られ、ドン・フランシスコという洗礼名を受けている。

若いころの宗麟は、気性が荒く乱暴で学問には身が入らないという、いわゆる武辺者だったようで、父の義鑑は次第に宗麟を疎んじるようになった。

義鑑は宗麟を廃嫡して、学問好きで利発な三男を跡継ぎにしようと画策するが、その結果「二階崩れ」と呼ばれるお家騒動が起こって義鑑は落命。宗麟が家督を継ぐこととなった。

大友氏の当主となった宗麟は、家中の反対派が行動を起こすたびに迅速に対処し、次第に基盤を固めていった。対外的には、毛利氏と対立して領国を一部奪われたが、

室町幕府への献金工作によって本国の豊後（現在の大分県）のほかに、豊前（現在の福岡県東部と大分県北部）筑前と筑後（両方とも現在の福岡県）肥前（現在の佐賀県と長崎県）肥後（現在の熊本県）の守護職を独占。六州を支配する大大名となった。

しかし、のちに宗麟はキリスト教に傾倒、理想郷の建設を夢見るようになったことで内紛の危機を迎えた。

宗麟は、日向（現在の宮崎県）へ出兵することで再び家臣の結束をはかったが、「耳川の戦い」で島津氏に大敗。最後は豊臣秀吉の配下となることで、何とか滅亡を回避する有様だった。

大友氏は、宗麟の理想郷の夢とともに没落したのである。

非情に徹し、西九州の雄となった「肥前の熊」

龍造寺隆信

一五二九～一五八四年

■容赦のない面が災いし、没落する

九州屈指の猛将として知られる龍造寺《りゅうぞうじ》隆信《たかのぶ》は、龍造寺氏の分家に生まれた。隆信は幼いころから優れた資質を見せており、十二、三歳にして二十歳くらいの者と遜色ない逞しさだったという。

隆信が十七歳のとき、主家の小弐氏から謀反の嫌疑をかけられ、龍造寺氏の主だった親族が殺されてしまった。隆信は分家を継ぐことになったが、のちに本家の当主が嫡子のないまま亡くなり、二十歳の隆信が本家を継ぐことになったのである。

ところが、隆信が当主となったことに不満をもつ家中の者たちが、謀反を起こしたため、隆信は城を追われて筑後（現在の福岡県南部）へ逃れ、柳川の蒲池鑑盛《かまちあきもり》の庇護を受けることとなった。

二年後、譜代の重臣たちと軍を起こした隆信は、もとの居城であった佐賀城を奪還。謀反を企んだ者たちを誅殺、あるいは降伏させて権力を回復すると、勢力を伸

ばして肥前（現在の佐賀県と長崎県）の東に軍を進め、仇敵である少弐氏を討ち滅ぼした。

その後、隆信は毛利氏と結んで大友氏と対抗。佐賀城に押し寄せた大友氏の大軍を討ち破ると、さらに勢い盛んとなり、肥前を平定したのち筑後にまで版図を広げた。

大友氏が「耳川の戦い」で島津氏に敗れて衰退すると、筑前（現在の福岡県西部）へ攻勢をかけ、十五郡のうち九郡を領有と、絶頂を極めたのである。

しかし、隆信には苛烈で容赦のない面があったため、次第に人望を失っていき、島津氏に寝返った有馬氏討伐の「沖《おき》田《た》畷《なわて》の戦い」の際に戦死する。「肥前の熊」と呼ばれた隆信の、慢心によるあっけない最期であった。

三好長慶

一五二二〜一五六四年

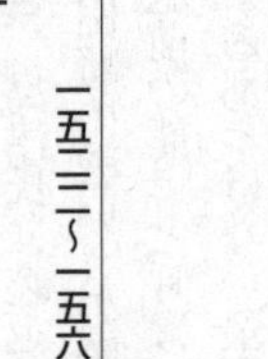

■将軍を傀儡に幕府の実権を握るも失墜

三好《みよし》長慶《ながよし》は、時の将軍であった足利義輝を自らの傀儡《かいらい》として幕府を操り、畿内（天子の住む都周辺。当時は京都）一帯に大きな支配力をもった人物である。

長慶は、一五二二年に三好元長の嫡男として阿波（現在の徳島県）で生まれた。しかし、長慶が九歳のころ、父・元長は、幕府内の権力者・細川晴元の反感を買い殺害されてしまう。幼かった長慶は命こそ助けられたが、その後は配下として晴元に付き従うことを余儀なくされる。しかし、長慶は父を謀殺された恨みを決して忘れることなく、虎視眈々と復讐の機会をうかがっていた。

成長した長慶は、機を見て晴元に反旗を翻すと、その地位を奪い、さらには将軍をも屈服させた。こうして幕府の実権を掌握した長慶だが、その栄華は長くは続かず、その後の将軍側の抵抗により次第に力を失うと、晩年には配下である松永久秀に実権を握られ、失意のなか死を迎える。将軍を傀儡にするという究極の下克上を成し遂げた長慶だが、自らも配下の下克上にあい失墜するとは、なんとも皮肉なものである。

陶晴賢

一五二一～一五五五年

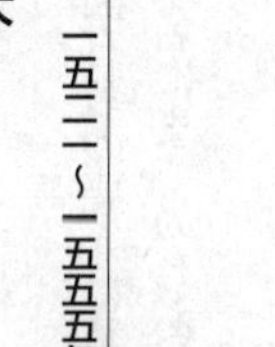

■折敷畑の戦い、厳島の戦いと連敗して自決

一五二一年に大内氏の重臣・陶興房《おきふさ》の次男として生まれた陶晴賢《すえはるかた》は、父の病死により十九歳で家督を継ぐと、大内家内での権力闘争に奔走する。この争いは当初、武断派の晴賢と文治派の相良武任《さがらたけとう》たちとの対立であったが、晴賢の発言力が強くなるとこれが次第にエスカレートしていき、ついには君主である大内義隆へのクーデターへと発展することとなった。

晴賢によるこのクーデターは成功を収め、義隆を自害へと追い込んだほか、晴賢と対立した文治派の者を、ことごく虐殺した。その後、晴賢は義隆の養子であった大内義長を新当主として擁立。大内家内の実権を掌握したのである。

だが、こうした行いは諸侯の反発を招き、結果として毛利元就による侵攻を許すこととなる。これに対し、晴賢は大軍をもってあたるが、「折敷畑の戦い」、「厳島の戦い」と相次いで敗北。

最後は、毛利軍に本陣を襲撃され、やむなく自決する。このとき、晴賢は三十五歳。大内家の実権を握って、わずか三年後のことであった。

兇

宇喜多直家

一五二九〜一五八一年

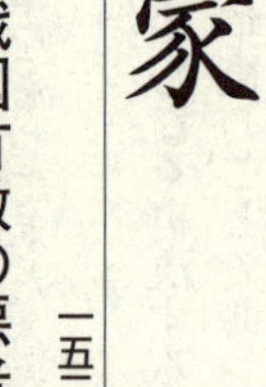

■謀殺を多用し領土を拡大した戦国有数の悪者

並みいる戦国武将のなかでも、こと謀殺に長けた人物をあげよといえば、この宇《う》喜《き》多《た》直《なお》家《いえ》の名前が出てくるだろう。宇喜多家は代々、備前（現在の岡山県南部と兵庫県の一部）を治める浦上氏に仕えた名家であったが、直家が六歳のとき、祖父の能《よし》家《いえ》が隣の高取山城主・島村貫阿弥に攻められ自害した。

これを機に宇喜多家は没落し、命からがら城を脱出した直家は、父とともに放浪生活を余儀なくされる。

こうした体験があったせいだろうか。成人した直家は、旧主家である浦上宗景に出仕すると、仇敵・島村貫阿弥をはじめとして、各地の豪族たちを次々と謀殺。遂には君主・浦上氏をも追放して備前を乗っ取り、五十九歳で病死するまで宇喜多家を守るのである。

直家は、毒殺や闇討ちを多用したことから、戦国有数の悪人に数えられるなど、その印象はすこぶる悪い。しかし、流浪の身から大名にまでのしあがった実力は只者ではなく、その点は高く評価されるべきであろう。

最上義光

一五四六～一六一四年

■謀略を得意とした出羽の策士

最上《もがみ》義光《よしあき》は、あらゆる策謀を駆使して最上家を再興、最盛期には、五十七万石を所領する大大名にまでなった。

最上氏といえば、出羽（現在の山形県と秋田県の一部）に大勢力を築いた足利一門・斯波氏の流れを汲む名族である。だが、義光が当主となったころには所領の多くを周辺勢力に奪われるなど、かつての威光は見る影もなく失墜。単なる弱小勢力に成り下がっていた。

こうしたなかで義光は、力でなく策をもって勢力を拡大していく道を選ぶ。そのやり方は、時に非道とも思えるほどであったが、力で相手を従わせることの叶わぬ弱小勢力が生き残るためには、仕方のない方策だったといえよう。また、時勢をとらえることにも長け、豊臣に取り入ったかと思えば、「関ヶ原の戦い」では徳川方の東軍に属するなど、策謀家らしくうまく立ち回った。しかし、その後に徳川家康の意向に従って次男に家督を継がせたことで歯車が狂う。

結局、これがもとで内紛が発生し、義光の死後、最上家は改易されてしまうのだ。

◆御旗に掲げた御家の印

家紋に秘められた真の意味とは？

ここでは、代表的な戦国大名の家紋を紹介しよう。自らの家を意匠として表した家紋は、群雄割拠の戦国時代において重要な意味をもっていた。御家の象徴として陣羽織や礼服に描いたり、戦場では旗竿に描いて敵味方を区別するために使用していたのだ。

◆9つの代表的な家紋

徳川家	豊臣家	織田家

水戸黄門の印籠としても有名な丸に三つ葵。時代や家によって同じ徳川でも葉の模様が違う。	花序と葉から成る桐紋。花序の花の数が左右が五枚、中央が七枚のため五七桐と呼ぶ。	子孫の繁栄を祈る木瓜がベース。基本の木瓜は四分割だが、織田家は五分割を使用している。
北条家	上杉家	武田家

蛇の鱗を表す三角を三つ束ねた北条鱗。蛇は信託を告げる神秘的な象徴として見られていた。	竹に飛び雀という複合家紋。竹には高潔さという意味もあり、上杉謙信に相応しい。	菱形を四分割して花弁に見せた四つ割菱。四つ割は武田家の家臣も好んで使用している。
浅井家	伊達家	毛利家

亀の甲羅を表す三つ盛亀甲。亀はおめでたい動物として敬われ、長寿や繁栄の意味をもっている。	竹に雀で、上杉家から贈られたといわれている。伊達家はこのほかにも多数の家紋を使用した。	一に三つ星。三つ星は中国では「将軍星」と呼ばれるオリオン座を表し、勝利の意味をもつ。

第六章　時代の流れに呑み込まれた哀将たち

散りゆくものの美と正義

●勝ち戦の裏側で

勝者がいれば、敗者が出るのは世の常である。血気溢れる英雄たちが躍進していくなか、数多の武将たちが戦乱という荒波に呑み込まれ散っていった。この激動の時代、むしろ栄光を掴んだ者たちのほうが、少なかったのではないだろうか。

明智光秀は「本能寺の変」で信長を打倒したが、わずか十三日後に豊臣秀吉に討たれ落命した。柴田勝家は信長配下のころから反目し合っていた豊臣秀吉と「賤ヶ岳の戦い」で激突し敗れ去った。

しかし散っていった彼らも武士である。ただ無意味に命を落としていったわけではない。敗北を知りつつも戦わなければならぬ状況に身を置き、落命した者、御家の存続のために自らの命を犠牲にした者など……。彼らは武士道を貫いた潔い散り様を見せ、その名を人々の記憶のなかに刻みつけたのである。

●歴史の闇に消えゆく者たち

勝ち組に属しながらも、事情により歴史の表舞台から去らなければならない者たちもいた。「関ヶ原の戦い」で裏切り者のレッテルを貼られた小早川秀秋や、出生に疑問をもたれ、親である徳川家康に疎まれた結城秀康などがそうである。彼らにも止むに止まれぬ事情はあったのだ。さぞ世の哀れを嘆きながら日々を送っていたことであろう。

現代人から見る戦国時代は、槍一本での出世物語や、下克上による大逆転劇など、華々しいイメージばかりが思い浮かぶ。しかし、その影で敗北者がいたことも忘れてはならない。闇の部分にも着目することで、より一層戦国時代の奥深さを知ることができるはずである。

天下万民のために主君を討った理想主義者

明智光秀

一五二八〜一五八二年

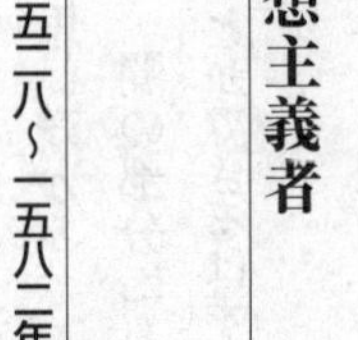

■理想の主を求めて諸国を放浪する

「敵は本能寺にあり！」。一五八二年、明《あけ》智《ち》光《みつ》秀《ひで》は主・織田信長に反旗を翻し、信長が籠もる本能寺を急襲。首級をあげることは叶わなかったが、信長を業火のなかへと葬り去ることに成功した。

信長倒るの報は瞬く間に全国へと広がり、豊臣秀吉は毛利攻めを大急ぎで終了させ、中国地方から大返しを決行。光秀は秀吉と山崎にて激突する。この戦いの勝敗の行方は、要所となる天王山をどちらが先に占拠するかにかかっており、秀吉に先を越された光秀は大敗。やむなく戦場から逃走した光秀は、その途中に落ち武者狩りに遭遇し命を落とす。「本能寺の変」からわずか十三日後のことであった。

光秀はなぜ本能寺の変を起こしたのか。信長が憎い、自分が天下を取りたい、などの直情的な行動とは決して思えない。光秀は若いころに理想の主を求めて諸国を放浪していた。戦乱の世で民が苦難にあえぐ姿を嫌というほど見てきたのである。

第六章 ◆◆ 時代の流れに呑み込まれた哀将たち
明智光秀

信長を殺してしまえば、世の中は間違いなく混乱してしまう。それがわからない光秀ではなかったはずなのだが、果たしてその真相とは何だったのであろうか……。

■曇りはじめた光

信長に仕える前、光秀は長い浪人生活を経て越前（現在の福井県北部）の朝倉義景に仕えていた。しかし、義景が暗君であることを知った光秀は出奔を考える。そんなときに越前にやってきたのが、足利義昭を連れた細川藤孝だった。藤孝は義昭を次期征夷大将軍の座に就かせるべく、庇護してくれる大名を探していたのである。

この藤孝に応対したのが光秀であった。気が合ったのかふたりはすぐに打ち解け、光秀は藤孝に協力を約束。だが、暗愚な義景にこの任は重すぎる。ならば誰が適任かと思案した結果、先ごろ美濃（現在の岐阜県南部）を制圧し、躍進目覚ましい信長にたどりつく。こうして光秀は義昭の使者として、信長の元へと向かった。

信長は義昭を快く受け入れ上洛するが、しばらくするとこのふたりのあいだに不協和音が響く。狭間で揺れる光秀ではあったが、何度も面会するうちに、信長の器の大きさに感服。天下布武を掲げ、世を統《す》べようとする信長こそが、万民に安らぎを与える理想の主なのではないだろうか？　そう考えた光秀は義昭を捨て、信長に帰属する。信長も光秀を重く用い、同じ外様の家臣である秀吉をライバル視させると、両者は競い合うように功績をあげ、織田家の重要なポストに食い込んでいく。

やがて光秀は近江（現在の滋賀県）を与えられ、坂本城を築城。流浪の身であったころから比べると大出世である。信長も光秀の働きを喜び、ここ数年内でもっとも織田家に利を与えた武将として光秀を褒め称えたのだった。

しかし、光秀の信長に対する思いは次第に変わってくる。いや、変わったのは信長のほうだった。信長の天下統一はもはや時間の問題かという一方で、松永久秀や荒木村重らが相次いで反乱。また、ささいな失態で林通勝や佐久間信盛ら譜代の家臣を追放するなど、信長の行為は年々苛烈になる。次は誰の番なのかと、戦々恐々となる織田家内部。光秀も信長の無慈悲な行為には疑問を感じはじめていた。

そして決定的な事件が起こる。毛利攻めに手を焼く秀吉の手助けを命じられた光秀。出陣の前に信長から告げられたのは、これから攻める出雲と石見は攻め取った分だけ光秀の領地とするが、現在の領地である近江は召し上げるという衝撃の通告だった。要は失敗すれば戻る場所は無いということである。自分はそれでもよいが、残された家臣たちは、そして家族はどうなるというのか。このとき、光秀は信長に対する失望しか感じていなかったに違いない。

信長は理想の主ではなかった。無慈悲な信長の世では民は安らかに過ごせない。それが光秀の出した結論だったのだろう。ここまで大きくなってしまった間違いを正すには、自分の手で信長を殺すしかなかったのである。いずれ現れるであろう別の誰かに未来を託し、光秀は本能寺へと向かって行ったのではないだろうか。

今川義元

上洛途中でまさかの敗戦となった「東海道一の弓取り」

一五一九～一五六〇年

■名門・今川家の後継者争い

今川義元《いまがわよしもと》は、駿河と遠江（両方とも現在の静岡県）の守護大名である今川氏親の五男として生まれた。今川家といえば、室町将軍を代々受け継いできた足利家の一門で、征夷大将軍の継承権までもった当時では超がつくほどの名門である。

では、義元が誰もが羨む少年時代を送っていたのかというと、そういうわけでもなかった。長男の兄・氏輝がすでに当主を継ぐことが決定していたため、義元は四歳で仏門に入り、善徳寺に預けられることとなる。ここで義元の教育係に就いたのが、のちに義元の軍師として活躍する禅僧・太原雪斎《たいげんせっさい》であった。

一五三六年に氏輝が急死すると、義元にチャンスが廻ってくる。義元同様、仏門に入っていた異母兄とのあいだで後継者争いが勃発。この血で血を洗う骨肉の争いで義元に助言したのが氏親の正室・寿桂尼と雪斎であった。そして義元は戦いに勝ち、見事に九代目当主の座を射止めたのであった。

■軍師・太原雪斎の死によって大暴走をはじめる

今川家の家督を継いだ義元の当面の敵は周辺国の武田、北条、織田であった。義元は御家騒動で功績のあった雪斎を正式に軍師に据えると、雪斎はそれに応える形で的確な指示を出し続ける。もっとも危険な存在である武田とは同盟を結び、ほかの軍勢とは小競り合いを続けているうちに、三河（現在の愛知県東部）の松平家が今川へ帰順。三河をその手中に収めるとともに、松平家嫡男の竹千代（のちの徳川家康）を人質として預かることとなった。

こうして三国を股に掛ける大大名へと成長した今川家。人々は義元を「東海道一の弓取り」と呼び、義元もまんざらではない様子でその評判を受けとめていたようだ。だが、一五五五年に頼りの雪斎が死去すると、義元の大暴走がはじまった。

■運命の「桶狭間」

義元、まさに絶頂期である。白塗り顔に細眉毛にし、お歯黒を付けるという珍妙な容姿。その姿はまさしく流行の最先端をいく公家そのものであった。また、移動は常に輿に乗るという徹底ぶりで、身分の高さをアピールしていたという。

輿に乗っていたのは、ただ単に寸胴短足で馬に乗ることができなかったという話もあるのだが……。そして一五五八年、三好長慶に追われる形で時の将軍・足利義輝が京都を離れると、室町幕府の権威は失墜。ここで義元は、現在将軍としてもっとも相応しいのは義輝などではなく自分ではないのかと勝手に決めつけ、二万五千もの兵を率いて上洛を決行する。

道中は尾張（現在の愛知県西部）の織田領、美濃（現在の岐阜県南部）の斎藤領を通らねばならない。老いたとはいえ斎藤道三は強敵。この大軍は、対道三用に集めた兵だったのではないかと推測される。だが、義元の行く手を阻んだのは道三ではなかった。一五五一年に織田家の家督を継ぐも、稀代のうつけ者として蔑まれていた織田信長だったのである。

義元にとってうつけの信長などは路傍の石に過ぎない。大軍をちらつかせれば降伏するだろう、と考えていたのではないだろうか。しかし、信長は決して侮ってはならぬ相手だったのだ。

時は一五六〇年、場所は豪雨に濡れる桶狭間。粛々と進む今川軍。その横を突く形で、山の上から怒濤のごとく攻め来る軍勢があった。織田軍の奇襲である。狙われたのは義元の首ひとつ。混乱し、足並み揃わぬ今川軍の兵士たち。輿に乗っていた義元は首を獲られ落命。人生の絶頂期からの思わぬ転落劇であった。

この「桶狭間の戦い」を機に信長は急成長、そして今川家は没落の一途を辿ることとなる。奢《おご》れる者は久しからずというが、義元はまさにそれを体現した武将だといえるだろう。

柴田勝家

新たな時代の礎となった織田家の宿老

生年不詳～一五八三年

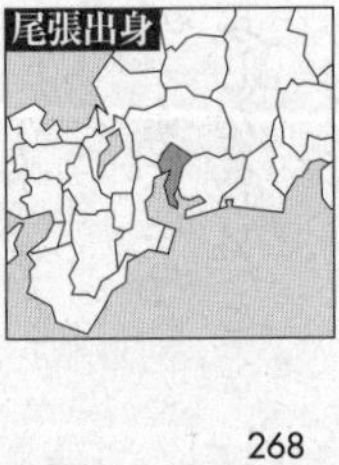

■北陸方面司令官として活躍する

柴田勝家の出自は明確ではないが、尾張（現在の愛知県西部）の土豪の家に生まれたというのが通説のようだ。

織田信長に仕えたことで知られる勝家だが、当初は信長の弟・信行（信勝）に仕えており、織田家の後継者争いでは信長を倒そうとしたこともあった。信行方は敗れたが、主君の信行は助命され、勝家も剃髪したことで許されている。

しかし、信行がその後も懲りずに信長を追い落とそうと考えていたため、勝家は何度も諫言することになったが、そんな勝家を疎んじた信行は、重臣たちに振る舞う正月の美膳を勝家だけには出さないという仕打ちをした。

この屈辱に耐えかねた勝家は信行の行状を信長に報告し、信行は信長の手によって討ち果たされ、勝家は信長の家臣になったという。

信長に仕えることになった勝家は、将軍・足利義昭を擁した上洛作戦のころから

第六章◆時代の流れに呑み込まれた哀将たち
柴田勝家

重用されるようになり、以後はほか数人の武将とともに先鋒として活躍。畿内の行政に加わるなど、軍事だけでなく行政面も担当した。

勝家は、朝倉・浅井連合軍との戦いや長島の一向一揆鎮圧、「長篠の戦い」など、主だった戦いに参加したのち、越前（現在の福井県北部）を与えられて北陸方面軍の司令官となり、加賀（現在の石川県南部）の平定を任された。

こののち、加賀に侵攻してきた上杉謙信に敗れるという一幕もあったが、謙信が病没したために上杉軍の撃退に成功。一向一揆を鎮圧して、能登（現在の石川県北部）や越中（現在の富山県と新潟県西部）にまで進出した。

■織田信長の後継者争いで豊臣秀吉に敗北し自刃する

気性の激しい信長のもとにありながら、順調に功績を重ねていった勝家だったが、突如として暗雲が立ち込めることになった。一五八二年の「本能寺の変」である。

勝家が事件の報に接したとき、ちょうど上杉軍と対峙していた最中だったため、即座に京へ向かうことができなかった。勝家が急ぎ清洲城へ赴いたときには、すでに謀反を起こした明智光秀は豊臣秀吉に討ち取られており、仇討ちの功をあげることができなかった。

このとき清洲城に集まった実力者、秀吉と勝家、丹羽長秀などの間で信長の後継者や遺領の分配などについて話し合いがもたれたが、光秀討伐の功績がある秀吉の発言力が強く、決着はついたものの勝家にとって不満の残る結果となった。

そののち、信長の葬儀が秀吉の主催でとり行われたことや、京の奉行職に秀吉の一党が据えられたこと、信長の後継者にまだ二歳にも満たない孫・三法師を推していたことなどから、勝家は秀吉が天下を狙っていると判断。信長の三男・織田信孝や滝川一益と手を結び、秀吉に対抗することになる。

勝家にしてみれば秀吉は年下の若輩者であり、戦功をあげて信長をずっと支えてきたのは自分だという自負、そしてなによりライバル心もあったのだろう。

かくして、対決が必至となった両陣営は周囲に対し盛んに調略を行い、勝家は紀伊（現在の和歌山県と三重県南部）の雑賀衆や四国の長曾我部元親を引き込むことに成功した。

しかし、対立が鮮明になった時期が悪かった。勝家が本拠地とする北陸地帯は、冬になると豪雪で軍の動きがとれないのだ。秋ごろからの対峙だったため、勝家は秀吉と一時的に和睦したが完全に見抜かれており、真冬の最中に同盟勢力が次々と攻略されてしまう。耐え切れなくなった勝家は、ついに雪が残るなか進軍を開始して「賤ケ岳の戦い」が勃発したが、勝家方では味方の統制がとれておらず秀吉方の急襲にあい、前田利家の離反で完全に敗北。自刃することになったのである。

こののち、合戦の結果をみた諸大名は、徐々に秀吉に臣従していく。勝家は、いわば新たな時代の礎となったといえる。

朝倉義景

優柔不断な性格がアダとなった文化人大名

一五三三～一五七三年

■将軍・足利義昭に頼られるも上洛せずに終わる

越前（現在の福井県北部）の戦国大名・朝倉家の長男として生まれた朝《あさ》倉《くら》義《よし》景《かげ》は、十四歳のときに父を亡くして家督を継ぐことになった。この当時、朝倉家を二代（義景で三代目）に渡って支えてきた一族の名将・朝倉宗滴《そうてき》がおり、義景も補佐を受けることになる。義景が二十二歳になった直後、頼みの綱であった宗滴が死去したため、以後は自身で政務をとり行うようになった。

一五六五年、時の将軍・足利義輝が暗殺され、その弟である足利義昭が朝倉家を頼って落ち延びてきた。義景は将軍を保護したものの、上洛して義昭を将軍として擁立することは考えていなかったようで、失望した義昭は台頭著しかった織田信長を頼って、越前を去ってしまった。

義昭を擁立しての上洛は、朝倉家にとっても絶好の機会だったはずだが、領国が厳しい北国で国力もそれほど高くないことや、一向一揆などで政情が完全に不安定

だったこともあって、義昭の要請には応じられなかったようだ。もっとも、義景にその気があればふたつ返事で応じたであろうから、そもそも天下を望むという野心がなかったと見るのが妥当だろう。

また、このころに家臣が一向一揆と結んで謀反を起こしていることから、家中の状況もあまりよいとはいえなかったようだ。

■織田信長を倒す機会を逸して滅びる

信長を頼った将軍・義昭だったが、傀儡としか見ていない信長と室町幕府の復権を願う義昭は次第に対立を深めていき、ついには義昭が信長打倒の御内書を諸大名に送る事態となる。義景のもとにも御内書が届き、これに応える形で石山本願寺や武田信玄、三好三人衆といった勢力で、「信長包囲網」を形成することになる。

そのほか、信長からは将軍命令として上洛を促されるが、義景はこれを拒否したため、織田軍とその同盟者であった徳川軍に攻め込まれることになった。

この戦いでは、一時的に本拠地の一乗谷にも危険が迫ったが、同盟を結んでいた浅井長政が織田軍の背後をついたため信長は京へ撤退する。

長政は信長の妹を娶っていたため姻戚関係にあったが、朝倉家との同盟を尊重して味方してくれたのである。精強な浅井軍と共同して撤退する信長を追撃すれば、信長を討ち取るとまではいかずとも、大打撃を与えるチャンスであった。

しかし、義景はすぐに織田軍を追うことはせず、軍を起こしたのはその三日後だった。義景は、またもや好機を逸したのである。

義景は「姉川の戦い」では敗れたものの、信長が石山本願寺の討伐に出兵している隙をついて挙兵して後方を撹乱するなどしたが、戦況を大きく変えるまではいかず一進一退の状況が続く。

やがて信玄の西上作戦がはじまると、織田・徳川連合は危機を迎える。武田軍との連携次第では信長を潰せるかもしれないチャンスだったが、義景はここでも消極的な行動しかとれなかった。最終的に信玄が陣没したことで、信長は朝倉・浅井連合との戦いに全力を投じられるようになり、最後は身内にすら裏切られて朝倉家は滅亡してしまうのであった。

義景は世継ぎになかなか恵まれなかっただけでなく、寵愛した側室や嫡男に早くから先立たれ、次第に政治から離れていったといわれる。また、京の文化人や公家との交流で文芸には秀でていたものの、軍事に関しては少々疎かったようだ。

なお、一説によると義景は六角氏からの養子であり、そのため宗家一門や譜代の家臣を掌握しきれなかったともいわれている。

なんにせよ、義景が決断力に富んだ強力な指導力を発揮できる人物であれば、周囲の武将もおのずとついてきたはずである。平和なときに生まれていれば別の道もあっただろうが、少なくとも「戦国大名」には向いていなかったようだ。

荒木村重

非情に徹し切れず信長を裏切った心優しき武将

一五三五～一五八六年

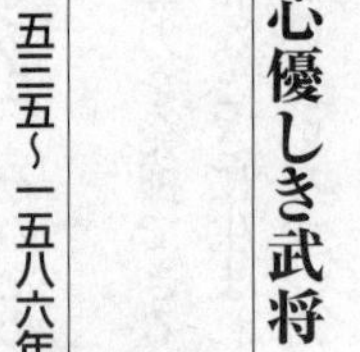

■奇妙な一枚の絵画

荒《あら》木《き》村《むら》重《しげ》を伝える有名な絵画に、太平記英雄伝の「荒木村重錦絵図」というものがある。大口を開けた村重が口いっぱいに餅を頬張っている姿を描いているのだが、一度見たら忘れられないほどのインパクトがあり、珍妙このうえない。なぜこのような絵を描いたのか、誰もが疑問に思うことだろう。

事の経緯はこうである。織田信長が足利義昭を奉じて上洛したとき、摂津（現在の大阪府）の有力者であった村重は信長に降伏した。ふたりが初対面した際、村重は信長に対し摂津全域を是非自分に治めさせてほしいと嘆願する。すると信長は、突然刀を手にしスラリと刃を抜き放つと、その切っ先に餅を数個突き刺した。そして村重の顔前に突き出し、これを喰らってみよと告げたのだった。

家臣たちが肝を冷やして見守るなか、村重は何も言わず大きく口を開け、餅を一気に頬張ったという。信長は肝の据わった男と村重を気に入り、嘆願通りに摂津を

与えたのである。

若き英傑・信長を前に、まさに剛胆というべき村重の行動。この事件は村重と信長の人間性をよく表したものとして、後世に伝えられることとなった。これが件《くだん》の絵画が描かれたあらましである。

しかし、衆目の前でこの行為というのは、いささかやりすぎでないだろうか。いくら剛胆とはいえ、村重が多少なりとも屈辱を感じていてもおかしくはない。もしかしたらこの初対面のとき、村重は信長のことを相容れない相手として見ていたのかもしれない。

■反逆。そして復帰

信長配下となった村重は、期待に応えよく働いた。特に本願寺や雑賀衆との戦いで活躍。本願寺との和平交渉の際には、豊臣秀吉の推薦で使者として抜擢される。交渉は決裂したが、本願寺の元で見た飢餓にあえぐ民の姿は、村重の心に深い闇を残した。そして、食料を分けて欲しいと本願寺に頼まれた村重は、信長に許しを得ぬまま了承。大量の食料を本願寺領へ輸送した。

これを機に、織田内部では村重に謀反の動きありとの噂が立ち始める。また、戦においても敵に情けを見せるようになり、村重の武将としての活躍はもはや望めない状態となりつつあった。

すっかり居城・有岡城に引き籠もるようになった村重。そして一五七八年、ついに村重は信長に反旗を翻す。信長は村重のことを気に入っていただけに、この反乱は相当ショックだったようである。秀吉配下の黒田官兵衛が説得に向かうが、村重はこれを捕らえ牢へと幽閉。官兵衛はこの反乱が終わるまでの長いあいだ囚われの身となり、足に障害を負うこととなる。

村重の謀反が本気であることを確認した信長。その衝撃は憎しみとなって跳ね返り、有岡城に苛烈な攻撃を仕掛ける。しかし、有岡城は宣教師のルイス・フロイスも称賛した名城である。そう簡単には落ちず、村重は一年もの長きに渡り抵抗を続けた。やがて村重配下の高山右近らの裏切りもあり、有岡城はついに落城。仕方なく村重は単身で落ち延び、安芸の毛利輝元に匿われることとなる。

残された村重の家臣やその家族たちは悲惨だった。怒れる信長の手により惨殺され、落ちのびた者たちも執拗に捜し出され、見つかり次第殺されてしまう。この話を聞いた村重は、殺された者たちを偲《しの》び剃髪し、名を道薫と改めたのだった。

やがて信長は「本能寺の変」で死去。執拗な追撃の手もなくなり、信長の跡を継いだ秀吉は村重の罪を赦した。村重は堺へと移住するが、凄惨な世界はもう嫌気がさしていたのか、武将として復帰することはなかった。かの高名な茶人・千利休の弟子となり、茶の道に没頭する。やがて利休七哲のひとりとして数えられるほどの茶人となり、一五八六年に五十二歳で死去するまで、静かな余生を送ったのだった。

室町幕府最後の将軍にして信長包囲網の黒幕

足利義昭

一五三七～一五九七年

■荒れる畿内。権威が失墜した室町幕府

足利《あしかが》義昭《よしあき》は、室町幕府第十二代将軍・足利義晴の次男として生まれた。長男の足利義輝が将軍職を継ぐことが決まっていたため、幼い義昭は慣例により興福寺に預けられ、仏門の道に進むこととなる。

それから十数年の月日が流れた。さすがに名家・足利家の人間である。義昭はそれなりの高僧となり、何も不自由することなく暮らしていた。しかし、ある日思い掛けない事件が起こり、義昭は戦乱のなかに足を踏み入れることとなる。

一五六五年、畿内（天子の住む都周辺。当時は京都）の支配を目論む松永久秀が三好三人衆と共謀し、将軍・義輝を暗殺。さらに後顧の憂いをなくすために義昭までその手に掛けようと、興福寺に義昭を幽閉する。だが、幕臣の細川藤孝が隙を見て義昭を救出し、ふたりは都を脱出。義昭を庇護してくれる大名を探すため、放浪の旅に出る。

第六章 時代の流れに呑み込まれた哀将たち
足利義昭

■信長包囲網を構築し、追いつめる

義昭が求める理想の大名はなかなか見つからなかった。最初に訪ねた近江（現在の滋賀県）の六角義賢は三好三人衆と繋がっており、若狭（現在の福井県南部）の武田義統は弱小大名で上洛する力なし。越前（現在の福井県北部）の朝倉義景は、実力や家柄的には将軍擁立に申し分なかったものの、遙々《はるばる》訪ねてきた義昭のことを疎んじる始末。

だが、義景の元では収穫もあった。義景の家臣・明智光秀が藤孝と懇意になり、親身になって接してくれたのである。光秀は急激に勢力を伸ばしている織田信長に頼ってはどうかと持ちかけ、義昭もそれを了承。光秀が使者となって信長と交渉し、義昭は信長に迎え入れられることとなった。

義昭は信長に伴われて上洛し、その力を借りて畿内の邪魔者たちを一掃。征夷大将軍の座に着き、室町幕府滅亡の危機を防いだ。義昭は信長に感謝の意を表し副将軍に任命するが、信長はこれを断る。信長は義昭の下につくのを嫌い、ただその権威のみを利用しようと企んでいたのだ。

日が経つにつれて、義昭の将軍の行動を制限してくる信長。さすがに義昭も傀儡とされていることに気づき、全国の大名に対し信長討つべしの号令を出す。この号令には武田信玄、朝倉義景、本願寺顕如といった錚々《そうそう》たる面々が顔を揃えた。彼らが信長包囲網を形成することで、信長は戦力を分散せざるを得なくなる。こうしてジワジワと信長を弱らせる目論見だったのだが、風は信長のほうに吹いていた。包囲網の主力である信玄が上洛中に死去。これにより信長包囲網は瓦解する。

信長排斥をどうしても諦めきれない義昭は、兄・義輝の仇である松永久秀と組んで挙兵。信長に戦いを挑むものの敗北してしまう。都に潜伏する義昭であったが、信長は街を焼き払うという暴挙に出て炙《あぶ》りだされてしまう。捕らえられた義昭は命だけは助けてもらったものの都から追放され、ついに室町幕府は終焉を迎えた。とはいえ、征夷大将軍の任が解かれたわけではなく、義昭は三好義継、三好家が滅ぶや毛利輝元の元へと逃げ込み、打倒信長に執念を燃やし続けるのであった。

新たに号令を出した信長包囲網に参加したのは強豪・上杉謙信。これに期待をかけた義昭であったが、謙信も信玄同様病死してしまう。また、主軸となる本願寺は信長の猛攻に屈し降伏。第二次信長包囲網も瓦解してしまう。包囲網という作戦自体は悪くなかったのだが、傾いた幕府の将軍には、天も味方をしてくれなかった。

だが一五八二年、怨敵信長は明智光秀の謀反により本能寺に倒れた。単純な義昭のことである。天罰が降ったと小躍りしたのではないだろうか。

ついにチャンスがきたかと再び策を練る義昭であったが、結局浮上することはできず、征夷大将軍の座も返上。やがて豊臣秀吉の時代を迎え、一五九七年、六十一歳でその生涯を閉じたのであった。

毛利輝元

一度の選択ミスが致命傷となった悲劇の西軍総大将

一五五三〜一六二五年

■御家の命運を激変させた西軍総大将就任

毛利《もうり》輝元《てるもと》は、一代にして中国地方に大勢力を築き上げた毛利元就の孫である。元就の嫡子である毛利隆元が早くに亡くなったため、わずか十歳にして毛利家の家督を継ぎ、元就や優秀な叔父たちのサポートを受けて成長。しかし、優柔不断な性格で、毛利家当主としてはやや不安な面もあった。

そんな輝元が彼らしからぬ決断力を見せ、家臣一同を違った意味で驚かせてしまったのが、「関ヶ原の戦い」における西軍総大将就任であった。関ヶ原の戦いで、実際に指揮を執ったのは石田三成であるため、西軍の総大将は三成であると勘違いしている人は多い。しかし、総大将は輝元なのである。挙兵にあたり三成は、家康と同じくらいの勢力の後ろ盾が必要と考え、毛利家に白羽の矢を立てたのだ。

輝元が西軍総大将になったことで、毛利家は大騒ぎとなる。特に毛利の分家・吉川家の吉川広家は東軍勝利を予想していたため、裏工作に邁進。決戦の際は毛利軍

を戦闘に参加させないことを条件に、東軍が勝利しても毛利家の領土は安泰という約束を家康に取りつける。

　そして関ヶ原の戦いではやはり西軍は大敗。広家のおかげで毛利家は大丈夫かと思いきや、家康が約束を反故《ほご》にし、広大な領土を誇った毛利家も、周防・長門（両方とも現在の山口県）の二ヵ国に減封されてしまう。

　たった一度の選択ミスでかつての勢いからは見る影もないほどに弱体化してしまった毛利家。いつもは優柔不断な輝元が、なぜあの重要な選択のみ独断で決めてしまったのか。もしかしたら輝元は、普段からそう思われていることが悔しかったのかもしれない。結果的にそれが取り返しのつかない大失敗に結びついてしまうのだが……。

苦悩のすえ東軍に寝返った青年武将の悲劇

小早川秀秋

一五八二～一六〇二年

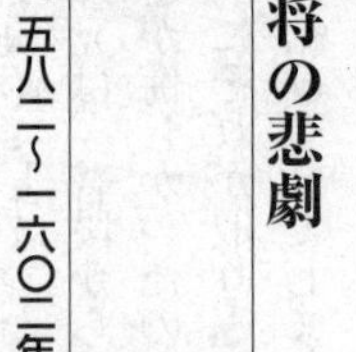

■寝返りで大封を得るも早世する

「関ヶ原の戦い」の大勢を決定づけたことで知られる小《こ》早《ばや》川《かわ》秀《ひで》秋《あき》は、豊臣秀吉の正室・ねねの甥で、幼いころに秀吉の養子となった。そののち、秀吉に「毛利の両川」として知られる小早川隆景が接近した際に隆景の養子となり、隆景が隠居するとその領国であった筑前（現在の福岡県西部）・筑後（現在の福岡県南部）・肥前（現在の佐賀県と長崎県）を継承して三十万七千石の大名となった。

秀秋にとっての初陣は秀吉の「朝鮮出兵」だったが、加藤清正が苦戦中と聞いて乱戦の中に突入し、多くの首級をあげた。名将・隆景の養子だっただけに、武勇もなかなかのものだったようだ。しかし、実はこのとき秀秋は総大将という身分であり、周囲の評価は「総大将にあるまじき軽挙」というもので、帰国後に越前（現在の福井県北部）十五万石に国替えとなってしまった。

秀吉の死後、徳川家康の口添えで筑前に戻っており、秀秋と家康の繋がりはこの

ころともいわれている。

一六〇〇年の「関ヶ原の戦い」では西軍として参加したが、重要地点である松尾山に布陣。秀秋は、この時点ですでに東軍につくと決めていたともされるが、真偽のほどは定かではない。

しかし、戦の最中に秀秋が東軍に加わったことで両軍のバランスが崩れ、戦いは東軍の勝利に終わった。

東軍に寝返った功績で五十五万石に加増された秀秋は、検地の実施や農地の整備など、領国の近代化に務めた。

そして、秀秋はそのわずか二年後、二十一歳で死去。世継ぎがいなかったことから、小早川家も断絶となった。

決して暗愚な人物ではなかったが、裏切り者のイメージのまま亡くなったため、評価が低いのは不運といえる。

筒井順慶

松永久秀に執拗に狙われ続け、人生が狂った男

一五四九〜一五八四年

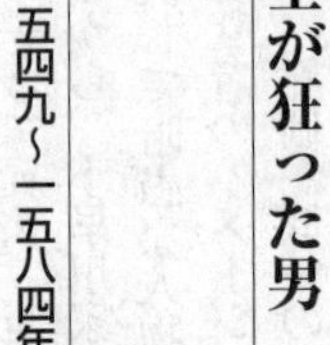

■二度も居城を奪われる

筒井《つつい》順慶《じゅんけい》の人生は、戦国の梟雄・松永久秀に翻弄され続けたといっても過言ではない。久秀は筒井家が広く領土を有していた大和（現在の奈良県）を執拗に狙い続けた。そして一五六四年、久秀の苛烈な攻撃を受け、順慶は居城・筒井城を追われてしまう。だがその翌年、久秀と不仲になった三好三人衆の力を借り、なんとか城を取り返すことに成功。安堵する順慶であったが、まだまだ予断を許さぬ状況が続くのであった。

一五六八年、足利義昭を奉じて上洛してきた信長は、畿内を荒らす不届き者を一掃するとして大軍を大和に送り込んだ。なんとその軍勢のなかには、因縁の久秀の姿があった。久秀は上洛を機に、あっさりと信長に降ったのである。

苛烈な攻撃に再び城を奪われてしまった順慶。しかし、大和の民は悪名高い久秀を歓迎せず順慶を支持。また、順慶は島左近や松倉重信などといった優秀な家臣を

有していた。彼らのサポートを受け、なんとか巻き返しを図らんとする順慶。そして、筒井城から少し離れた位置にすばやく城を築き、松永軍と一進一退の攻防を繰り広げた。

やがて明智光秀が間に入る形で、信長への帰属が許された順慶。久秀と互角の戦いを繰り広げた順慶を信長は重く用い、大和の守護大名に任命する。これを不服と思ったのが久秀である。

久秀は居城の信貴山城に籠もり信長軍から離反。順慶は信長の嫡子・織田信忠を総大将とする久秀討伐軍に参戦し、大軍で城を取り囲む。

観念した久秀は城とともに自爆。長い間久秀に翻弄された順慶であったが、なんとか一矢報いることに成功したのである。

日和見がかえってよかった常陸の武将

佐竹義宣

一五七〇～一六三三年

■人生の岐路で正解を選ぶ

佐竹家は鎌倉時代から常陸（現在の茨城県の一部）の守護大名を務めてきた由緒正しい家柄であり、戦国時代に活躍した十八代目当主の佐竹義重《さたけよししげ》、そしてその嫡男で十九代目当主・佐竹義宣《よしのぶ》の名がよく知られている。

華々しいエピソードを残したのはどちらかというと父・義重のほうで、群雄割拠する時代に精力的に戦いを仕掛け、佐竹家を躍進させることに成功。しかし、そのおかげで佐竹家は関東の北条家に睨まれることとなり、これ以上西へ勢力を伸ばすことは不可能となる。そこで、北方に目を向けることとなるのだが、そこには奥州（現在の東北地方）の暴れん坊・伊達政宗が幅を利かせていた。政宗を危険視した義重は畠山家、蘆名家と連合軍を組んで戦いを挑むが、政宗は予想以上の抵抗を見せ敗戦。八方塞がった義重は一五八九年、あとを義宣に任せて隠居を決めたのだった。

困った義宣が助けを求めたのは豊臣秀吉だった。すると石田三成が間に入り、秀

吉の天下統一の総仕上げとして北条の小田原城を攻めるので、参加してはどうかともちかけられる。これを了承した義宣は「小田原征伐」に参陣。この選択は大正解だった。秀吉の勢いに恐怖を感じた政宗も秀吉に帰順し、佐竹家の周囲の敵は一掃されたのである。

時は流れ「関ヶ原の戦い」が開戦。三成に恩義のある義宣は、西軍に荷担しようとするが、父や家臣達が猛反対したため、中立の立場をとる。この選択も正解だった。西軍は敗北し、曖昧な態度から、佐竹家は出羽（現在の山形県と秋田県の一部）に減転封されるも、結果的に生き残りに成功した。その後、義宣は御家の建て直しに尽力。一六三三年に六十四歳で死去するまで、出羽発展に力を入れたのだった。

「関ヶ原の戦い」で人生が一変した悲運の武将

宇喜多秀家

一五七二～一六五五年

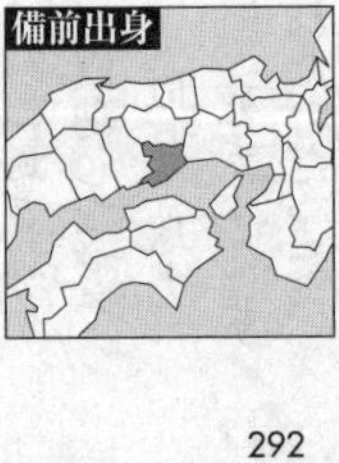

■天国から地獄へまっ逆さま

宇喜多秀家は、誰よりも豊臣秀吉の寵愛を受けて成長していった武将である。秀家の「秀」という文字は元服の際に秀吉から与えられたものであり、秀吉の養女で前田利家の娘でもある豪姫を正室に迎え、豊臣一門の仲間入りを果たした。

秀家もこれに応え、「四国征伐」や「九州征伐」、「小田原征伐」などに積極的に参加。「朝鮮出兵」では総大将として活躍し、やがて豊臣家二代目の豊臣秀頼を補佐する五大老に抜擢されることとなる。

しかし、秀家の黄金時代はここまでだった。秀吉が死去すると、家康の専横が目立ちはじめ、それに憤った石田三成が挙兵。「関ヶ原の戦い」の開戦である。秀家は西軍の主力として名を連ねるが、小早川秀秋の裏切りにより西軍は瓦解。秀家は伊吹山に逃走し、その後は島津家に匿《かくま》われたが、一六〇三年に家康に引き渡される。

その後、前田利長らの助命嘆願により死罪だけは許され、八丈島への流刑が確定

する。当時の八丈島は鳥も通わぬといわれたほどの絶海の孤島で、秀家はこの島への流刑人第一号となった。八丈島での生活は困窮を極めた。前田家から毎年米などの仕送りがきていたようではあるが、それでも苦しかったのは間違いないだろう。なお、この仕送りは定例となり、二七〇年に渡って続いたという。

家康の死により恩赦が出たが、秀家は八丈島から出ることを拒否。五十年に渡りのんびりと生活し、一六五五年、八十三歳でその生涯を閉じた。西軍に荷担した武将のなかでは、もっとも長く生きた武将であった。流刑人だったため、墓を建てるのは許されなかったが、没後二〇〇年に罪が許され、八丈島の中心部に秀家の墓がつくられた。

㊤

村上武吉《むらかみたけよし》

村上水軍の頭領にして海上の猛者

一五三三～一六〇四年

■海戦では無類の強さを発揮する

海戦で無類の強さを誇った「村上水軍」。その名前だけは聞いたことがあるという人も多いのではないだろうか。この村上水軍の最盛期を築き、その後斜陽する様を見てきたのが、能島村上水軍の頭領を務めていた村上武吉である。

村上水軍は瀬戸内海の能島《のしま》、来島《くるしま》、因島《いんのしま》の三島に跨《またが》って勢力を誇った海上の猛者たちの集まりである。瀬戸内海の治安を守るという名目の元、通行料として積み荷の一部を徴収する海賊行為で富を蓄えていた。一五五五年、瀬戸内を舞台に毛利元就と陶晴賢が激闘を繰り広げるのだが、元就は決戦の前に武吉の元に出向き、一日だけ味方をしてほしいと頼んだ。自分たちが協力すれば、陶氏を相手にたった一日で決着をつけられる……。元就という男がただ者ではないことを見抜いた武吉は以後、元就の傘下に入ることとなり、毛利家の躍進に大きく貢献した。

時が流れ元就は死去し、輝元の時代になると、上洛を果たした織田信長が西に軍

を向ける。毛利家は徹底抗戦の構えを見せ、武吉も木津川で織田の水軍を迎え撃った。操船術に長けた村上水軍を指揮した武吉は、織田軍を徹底的に打ち負かし、その恐ろしさを織田軍に刻みつける。

だが二年後の戦いでは、織田軍は最新の鉄甲船をもち出し、武吉は完膚無きまでに敗北。海上では無敵だったはずの村上水軍が、時代という波に呑み込まれた瞬間であった。

やがて信長が本能寺で死ぬと、信長の後継者・豊臣秀吉と輝元が和睦。秀吉は全国に海賊禁止令を出し、それに背いたとして武吉は瀬戸内海から追放される。そして徳川家康が江戸幕府を開くと幕府が日本の全海域を管理することとなり、村上水軍は解散となった。

秀吉と家康を父に持ちながら天下人になれなかった男

結城秀康

一五七四〜一六〇七年

■天下にもっとも近い環境だったのに……

徳川家康と豊臣秀吉という天下を取った二大大名を父としながらも、歴史の表舞台には出られなかった悲劇の武将、それが結城秀康《ゆうきひでやす》である。

家康の次男として生まれた秀康だったが家康から、自分の子ではないのではないか？　とその出生を疑われ疎まれることとなる。やがて家康の長男・信康が信長の命により切腹させられると、秀康が跡継ぎ候補となるはずが、家康は三男の秀忠を跡継ぎに決め、秀康は秀吉の元に養子に出されることとなった。

秀康は秀吉の元で武芸の道に励むと、九州にて初陣を飾り、見事な功をあげる。その噂を聞いた結城晴朝が秀康を是非養子にもらいたいと告げると、秀吉もこれを快諾。以後秀康は結城姓を名乗るようになる。

そして時は流れ、「関ヶ原の戦い」が開戦。東軍についた秀康は、家康に自分の強さを見せつけたいところであった。しかし、家康が命じたのは上杉景勝の監視と

いう地味な役所。

秀康は渋々これを受け入れるが、上杉を抑えるのは、武芸の誉れ高き秀康でなければ難しかったとされている。それを証明するかのように、秀康は関ヶ原後に越前（現在の福井県北部）に六十七万石もの領地を与えられた。

しかし、程なくして秀康は三十四歳の若さでこの世を去ってしまう。死因は梅毒であった。不遇な日々を送ってきた秀康のことである。己の身を呪いながら女遊びに耽《ふけ》っていてもなんらおかしくはないだろう。戦国時代が終わったとはいえ、家康の次男が存命であれば、新たな争乱の火種になることも十分に考えられた。秀康の死により長き太平の世が築かれたと考えるのであれば、これでよかったのかもしれない。

足利義輝

一五三六〜一五六五年

■死ぬ間際まで意地を見せた剣豪将軍

応仁の乱以降、足利家の権威は地に墜ちていた。一五四六年、足《あし》利《かが》義《よし》輝《てる》は室町幕府第十三代征夷大将軍となるが、その就任式は、京の都ではなく、亡命先の近江（現在の滋賀県）でとり行われるという有り様であった。

将軍就任後、義輝は六角義賢に協力を仰ぎ京に凱旋。さまざまな戦いの調停役を積極的に引き受け、将軍の権威を取り戻そうと奮闘する。

しかし、畿内（天子の住む都周辺。当時は京都）の全権を我がものにしようと企む松永久秀がこれを脅威に感じ、御所の襲撃を実行。二条城は完全に包囲され、もはやこれまでと悟った義輝は、最後の意地を見せる。

床に数々の名刀を突き刺し、襲いくる兵士を次々と薙《な》で斬っては刀を取り替え、鬼の形相で敵を迎え討った。しかし、多勢に無勢。やがて義輝は力尽き、討ち取られた。

義輝の剣の腕は新陰流免許皆伝を受けるほどであったという。将軍ではなく剣豪として生きていれば、また違った形で歴史に名を残していたのかもしれない。

大内義隆

一五〇七～一五五一年

■争いが嫌になった文化人大名

大内家は代々周防《すおう》（現在の山口県東部）の守護大名を務めており、大内義隆《おおうちよしたか》も例外なく三十一代目の当主としてその任に就いていた。

また、大内家の政治的な特色として、軍事面よりも内政面に力を入れるという風習があり、義隆は文化の推進、特に明（当時の中国）との貿易に力を入れていた。そのおかげで、周防の文化水準はかなり高く、京の都と変わらないほどの賑わいを見せていたという。

大内家のライバルは出雲（現在の島根県東部）を支配する尼子《あまご》家で、毛利元就と協力態勢を取ることで一時的には有利に立ったものの、出雲に出陣した際に手痛い敗北を喫してしまう。

それ以降、義隆は戦さが怖くなったのか自国に引き籠もり、元々仲の悪かった文治派と武断派のあいだで内部争いが勃発。ついには武断派のリーダーである陶晴賢《すえはるかた》が謀反を起こし、義隆は自害に至った。戦さを怖がっているようでは戦国時代は生き抜けない。この謀反も起こるべくして起こったというべきであろうか……。

清水宗治

一五三七～一五八二年

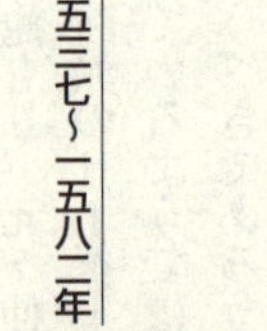

■見事な散り際を見せた備中高松城主

毛利家の小早川隆景配下・清水《しみず》宗治《むねはる》は、高松城の城主として豊臣秀吉を迎え撃ったことで有名な武将である。

高松城は普通に攻めれば、落城までに相当な歳月がかかるであろうことが予想される堅城であったが、秀吉は時期が梅雨であることを利用し、巨大な堤防で城を取り囲んだ。長引く雨により高松城は水に囲まれ、八方塞がりの状況に追い込まれる。宗治が降伏を決断するのも時間の問題であった。

そんなときに秀吉の元に届いたのが、「織田信長、明智光秀の謀反により本能寺で死去」の報だった。一刻も早く引き返して光秀を討ちに行きたい秀吉は、宗治ひとりが腹を切れば、城内の配下の命は助けると約束。宗治はこれを受け、水上に小舟を出し切腹するという武士らしい見事な最期を見せた。秀吉も宗治のその潔さに敬意を表し、散り際を見届けるまでは陣を動かなかったという。

なお、宗治は信長が死去したことは知らなかった。この情報が届いていれば、また違った形での降伏になっていたかもしれない。

斎藤義龍

一五二七～一五六一年

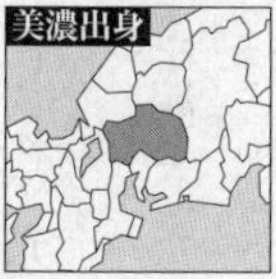

■親兄弟を殺して天下を狙う「マムシの子」

美濃（現在の岐阜県南部）を奪い取った斎藤道三《さいとうどうさん》の嫡男として育てられた。というのも、実は義龍《よしたつ》は道三の実子ではなく、元々の美濃の領主・土岐頼芸《ときよりなり》の息子を養子にしたという説が濃厚なのである。

義龍はこの時代には珍しく二メートル近くの巨漢で、道三からは愚鈍な男と見られていた。道三は義龍を遠ざけて三男の龍重を溺愛し、龍重を跡継ぎにしようとまで考えていた。

しかし、マムシによって育てられた男もまたマムシであった。義龍は謀反を決行し、弟たちを殺害。「長良川の戦い」にて道三と激突し、これを討ち果たしたのだった。この謀反の際、地元衆の多くが義龍に従っていたため、やはり義龍の父は前代領主の土岐頼芸であるという説が正しいのではないかと考えられる。

その後、義龍は織田信長とも戦い有利に戦局を進めていったが、病を患い急死。子の龍興が跡を継ぐが義龍ほどの器量はなく、信長の手により斎藤家は滅ぼされてしまった。

波多野秀治

一五四一～一五七九年

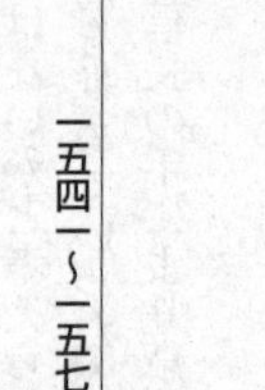

■玉砕覚悟で織田信長に反旗を翻す

丹波（現在の京都府の一部と兵庫県の東部）の戦国大名・波多野秀治《はたのひではる》は、織田信長上洛の際、信長に帰順する道をえらんだものの、一五七六年突如として反旗を翻す。怒れる信長が秀治討伐に当てたのは、織田軍きっての勇将・明智光秀。光秀は怒濤の如く攻め寄せ、秀治は居城・八上城に追いつめられる。

城を包囲され兵糧攻めにあう波多野軍。光秀は何度も降伏を勧告するが、秀治は抵抗を続けた。このままでは城内の兵士が全員餓死してしまうと思った光秀は、信長に秀治の領土安泰を約束させ、八上城へ己の母を人質に出すという誠意を見せる。

さすがの秀治もこれには折れて信長に降伏。帰順の意を伝えるため、弟の波多野秀尚とともに安土城へ向かうが、光秀との約束は破られ信長は秀治と秀尚を処刑してしまう。人質となった光秀の母も、城内に残された兵たちの手により殺され、光秀は悲しみの淵に落ちることとなる。

この事件がきっかけとなり、光秀の心が信長から離れ「本能寺の変」を起こしたのではないかともいわれている。

雑賀孫市

一五一一～一五八五年

紀伊出身

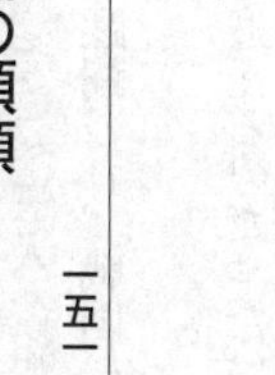

■誰もがその力を欲した傭兵集団の頭領

雑賀孫市という名前は、紀伊（現在の和歌山県と三重県南部）の豪族・雑賀衆の頭領が代々受け継いできた名前であり、戦国時代における孫市は鈴木佐大夫《さだゆう》、もしくはその息子の鈴木重秀《しげひで》と重秀の弟、鈴木重朝《しげとも》なのではないかといわれている。雑賀衆は鍛冶技量が高く、当時の最新兵器・火縄銃を大量生産。それを巧みに操る傭兵集団として名が知られ、熱心な一向宗門徒でもあった。

雑賀衆は織田信長と交流があり、鉄砲術を信長に教えたこともあったが、一向宗の頂点である本願寺顕如が信長と抗争をはじめると、雑賀衆は本願寺に助力。天王寺の戦いでは孫市自らも出撃し、孫市の放った銃弾が信長の右太股を貫いたという。

本願寺が信長に降伏すると、孫市とともに信長に帰順する派と徹底抗戦する派に二分され、雑賀衆は弱体化。やがて秀吉の時代がくると、その力を恐れた秀吉は雑賀衆を滅亡させてしまう。

だが、孫市の名が完全に消えたわけではなく、「関ヶ原の戦い」や「朝鮮出兵」などで度々登場。しかし、それらが同一人物かどうかは不明である。

武田勝頼

一五四六〜一五八二年

■戦国最強軍団、ついに滅亡す

甲斐の虎・武田信玄の四男である武田勝頼は、信玄亡きあとの武田家を受け継いだ武将である。本来は、嫡男の義信が武田家を継ぐはずだった。だが、義信は信玄と対立したため相続権を剥奪され、次男の信親は生まれつき盲目で仏門に入り、三男の信之は早逝していたため、勝頼が後継者として選ばれたのである。

信玄の方針を受け継ぎ、織田信長に戦いを挑んだ勝頼。「長篠の戦い」の開戦である。三倍近い兵力差と武田軍不利な状況であり、勝頼は短期決戦を狙い全軍に突撃を指示した。信長が用意してきたのは大量の鉄砲隊である。鉄砲など一度弾丸を放てばあとは鉄の塊。武田が誇る騎馬隊で突撃すれば、殲滅可能なはず。この作戦は決して間違いではなかったが、勝頼は信長を侮りすぎていた。武田の騎馬隊は織田軍が設置した馬防柵に突進を阻まれ、そこへ三人一組となった織田の鉄砲隊が次々と弾丸を放つ。武田軍は為す術無く蹂躙され、戦国最強の武田軍は見る影もなく弱体化してしまう。

この戦いから七年後、武田家は滅亡を迎えるのだった。

小山田信茂

一五三九～一五八二年

■武田家にとどめを刺した裏切り行為

小山田信茂は武田家の家臣として、「川中島の戦い」や「三方ケ原の戦い」で活躍した武将である。だが、武田家が勝頼の時代となり「長篠の戦い」で大敗を喫すると、終焉が近づいているのを感じ、身の振り方を考えるようになる。

織田信長が武田家にとどめを刺すべく侵攻してくると、信茂はついに武田家からの離脱を決意。自分の居城へ移転するようにと勝頼を領内におびき寄せ、銃撃で迎え撃つ。信茂の裏切りを知った勝頼は、絶望のなか天目山に落ち延び山中で自害。これで武田家は滅亡したのだった。

信茂は信長に従属する道を選ぶが、この卑怯な振る舞いを知った信長は怒りを覚え、信茂は処刑されてしまう。裏切り者らしい哀れな最後であった。

信茂が裏切った正確な理由は分からないが、小山田家は武田に従属していたわけではなく、あくまでも同盟関係であったとの説もある。また、真田昌幸も勝頼を迎え入れる準備をしていたのだが、こちらに向かっていれば、武田家の命運もまた変わっていたのかもしれない。

穴山梅雪

一五四一～一五八二年

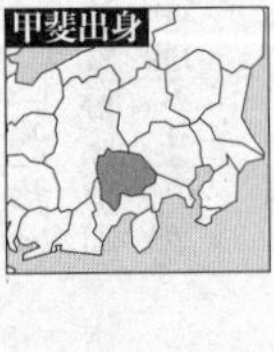

■裏切り者の哀れな末路

穴山梅雪は武田家家臣として活躍した武将で、武田信玄とは親戚であったために重用された。梅雪もその期待に応える形で数々の合戦で武功を挙げ、武田二十四将のひとりとして数えられることとなる。

だが、信玄が死去し勝頼の時代になると事情が変わってくる。梅雪は勝頼とそりが合わずに対立。織田信長と戦った「長篠の戦い」においては勝頼の突撃指示を無謀と諌め、勝手に兵を引き払ってしまった。

梅雪の予想通り、武田軍は織田軍の鉄砲隊により惨敗。武田家に見切りをつけた梅雪は徳川家康と内通し、着々と裏切りの準備を整える。そして長篠の戦いの七年後に武田家は滅亡を迎えた。

穴山家は家康のはからいにより織田家に組み込まれ、信長と謁見するために上洛する。しかし、その道中に「本能寺の変」が発生し、信長が死去してしまう。焦った梅雪は急いで引き返すが、信長への贈り物を多数持参していたのが不運だった。落ち武者狩りの格好のターゲットとなり、その命を落としてしまう。

里見義堯

一五〇七～一五七四年

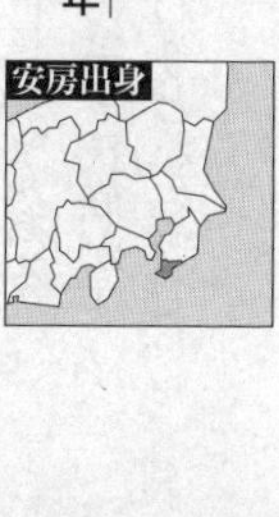

■攻めより守りに徹した安房の武将

安房（現在の千葉県南部）の戦国大名・里見義堯《さとみよしたか》は、里見家の分家・里見実堯《さねたか》の長男であった。

しかし、宗家の当主・里見義豊が実堯を殺害。義堯は義豊を殺して敵討ちを成し遂げ、そのうえで里見家の正統な当主となったのである。

当主となった義堯は、関東の覇権をめぐって北条氏康と激しい攻防を繰り広げた。単独で北条氏と戦うのは不利と見た義堯は、下総（現在の千葉県北部）の実力者・足利義明と手を組み北条氏に戦いを挑む。しかし義明はあっけなく戦死し、里見軍も散々に打ち負かされ、生き残った兵はわずか五十騎という有り様であった。

この敗戦に懲りたのか、まずは地固めと決意し攻めよりも守りに徹するようになり、やがて国力も回復。今度は上杉家と同盟して反撃を開始し、上総（現在の千葉県南部）に勢力を広げることに成功した。

これに安堵したのか、義堯は家督を義弘に譲って隠居。裏から指示を出して、里見家の土台を支えるのだった。

北条氏政

一五三八～一五九〇年

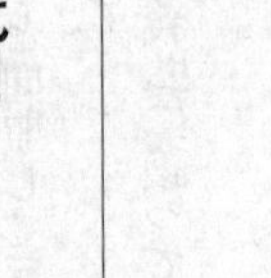

■時勢を読めなかった北条家四代目

関東に覇を唱えた北条家四代目当主・北条《ほうじょう》氏政《うじまさ》は、父・氏康に倣って精力的に戦いを仕掛け、勢力を伸ばしていく。しかし、織田信長の後継者となった豊臣秀吉が九州・四国を制圧し、天下統一に王手を掛けた。

秀吉は北条家に対し、臣下の礼を取るよう通告するが、氏政はこれをはねつける。北条家は徳川家、伊達家と三国同盟を結んでおり、いざとなったらこの三国で秀吉と戦えると踏んだのである。

業を煮やした秀吉は、全国の諸侯に号令を出し、北条の居城・小田原城に軍を向ける。これが天下人の力なのか、集まった兵の数はなんと二十二万を超えていた。天下に名高き堅城とはいえ、さすがにこれを防ぐのは不可能である。しかも軍勢の中には同盟国の徳川と伊達の姿もあった。二者は豊臣の力の前に屈したのである。氏政は小田原城を無血開城し、全面降伏を決める。北条家は、氏政の子・氏直がすでに五代目当主として跡を継いでいたが、氏政は自分が当主の身代わりとなる形で切腹する。これでなんとか御家の根絶だけは防いだのであった。

織田信忠

一五五七年～一五八二年

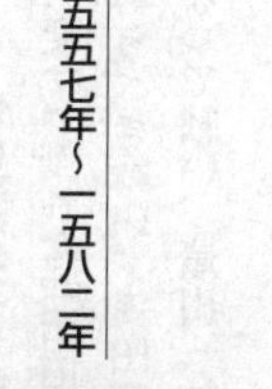

■織田信長の実子で後継者だった男

織田信忠は織田信長の嫡男として生まれ、その後継者となることを宿命づけられた男である。信長の跡を受け継ぐというのはどういうことなのか……信長が目指したのは武による全国制覇である。そのあとを任されるということは、単に学問や戦いにおける能力の高さだけではなく、天下人の器量が必要とされるのだ。信忠は物心ついたときから相当の重圧を肩に背負っていたのである。

信忠は元服するや信長に従い各地を転戦。信長の期待に応える働きをし、「長篠の戦い」後は総大将としても出陣するようになる。そして、一五七六年に織田家の家督を譲られ、織田家当主となった。

しかし、一五八二年に「本能寺の変」が勃発。信忠も京都に滞在していたため、謀反の首謀者・明智光秀と戦うこととなる。このとき、京都から逃げていれば、このあとの織田家の衰退もなかったかもしれない。しかし、光秀は信忠が逃げる隙を与えなかった。二条城へと篭城した信忠は果敢に刃を振るうが多勢に無勢。進退窮まり信長を追うように自害して果てた。

◆歴史のターニングポイントとなった重要な戦いを振り返る

戦国五大合戦

［桶狭間の戦い］◆織田信長 対 今川義元 一五六〇年

織田信長飛躍のきっかけとなった戦い。二万五千の兵を引き連れて尾張に侵攻した今川義元に対し、信長はそのわずか一割程度の兵で出陣。雨の桶狭間にて奇襲作戦を敢行し、義元を討ち果たす。この戦いの結果、今川傘下だった徳川家康が独立し、信長と協力体制を敷く。

［長篠の戦い］◆織田信長 対 武田勝頼 一五七五年

近代兵器、鉄砲の強さを世に知らしめた戦い。鉄砲は威力こそ高いが、一発撃つと装填《そうてん》に時間がかかるのが欠点であった。織田信長は鉄砲隊を三人一組にすることで装填と発射の間隔を短くする戦法を考案。長篠にもち込んだ馬防柵の背後から弾丸を雨あられと浴びせかけ、武田騎馬隊を散々に打ち負かした。この戦いで武田家は多くの有能な家臣が討ち死にしてしまい、没落の道を辿ることとなる。

［賤ヶ岳の戦い］◆豊臣秀吉 対 柴田勝家 一五八三年

「本能寺の変」で倒れた織田信長の後継者決定戦ともいうべき戦い。織田家家臣がまっぷたつとなって戦い、滝川一益や佐久間盛政が柴田勝家側につき、前田利家や丹羽長秀などが豊臣秀吉側についた。結果的には秀吉の勝利となり、天下取りに大きく前進。また、加藤清正や福島正則、石田三成などといった、新世代武将たちが活躍した戦いとしても有名。

[関ヶ原の戦い] 一六〇〇年

◆徳川家康 対 石田三成

豊臣秀吉の死後、力を増して豊臣を軽視する家康に対し、石田三成が激怒。徳川方の東軍と豊臣方の西軍に分かれ、両軍は関ヶ原にて激突することとなる。兵数、布陣ともに西軍が圧倒的有利な立場に立っていたが、指揮をとった三成のカリスマの不足もあり、西軍は内部崩壊。東軍が大勝利を収め、徳川の天下は盤石となった。

[大坂の陣] 一六一四～一六一五年

◆徳川家康 対 豊臣秀頼

徳川家康に大坂城退去を命じられた豊臣秀頼。それを宣戦布告と見なした秀頼は、全国の大名に号令を発して秀吉に恩ある武将たちを大坂に終結させ、家康に戦いを挑んだ。戦いは冬と夏の二度に渡って行われ、冬に講和した時点で大坂城の堀が埋められたため、夏の戦いは豊臣方にとって絶望的となる。そんななか、真田幸村が発奮。味方の士気を高めるために、大坂城に篭もる秀頼の出陣を促し、自らも敵本陣に向かって突撃を敢行する。しかし、秀頼の出陣は叶わず、幸村も家康にあと一歩まで迫ったものの討ち死にしてしまう。結果、豊臣方は敗北し、秀頼は母の淀殿とともに大坂城内で自刃して果てた。

戦国時代 年表

戦国時代の主な事件と合戦をまとめた。各武将の紹介とあわせて、移り変わりを見てほしい。

年号	出来事	合戦
一五三四	●織田信長が生まれる	
一五三七	●豊臣秀吉が生まれる	
一五四一	●武田信玄が父信虎を追放、武田家の家督を継ぐ	
一五四二	●斎藤道三が土岐頼芸を追放し、美濃をその支配下に治める	
一五四三	●徳川家康が生まれる	
一五四六	●北条氏康が関東圏の支配を確立	
一五四九	●徳川家康、人質として今川義元の元へ ●織田信長と斎藤道三の娘・濃姫が婚姻。斎藤家と織田家の同盟締結	
一五五一	●織田信長が織田家の家督を継ぐ	
一五五三	●武田信玄が信濃を平定 ●上杉謙信が川中島に進軍。武田信玄と激突	第一次川中島の戦い
一五五四	●武田信玄、北条氏政、今川義元が同盟を締結 ●豊臣秀吉、織田信長に仕える	
一五五五	●犀川を挟んで武田信玄と上杉謙信が対峙 ●陶晴賢が厳島に上陸し、毛利元就と激戦を繰り広げる。陶晴賢は敗れ自害	第二次川中島の戦い 厳島の戦い
一五五六	●斎藤義龍が下克上により斎藤家の実権を握る。斎藤道三討ち死に	長良川の戦い
一五五七	●武田信玄が北方へ勢力を伸ばそうとするが、上杉謙信がこれを阻止	第三次川中島の戦い
一五五九	●上杉謙信が上洛	
一五六〇	●今川義元が尾張に進軍。織田信長は奇襲作戦にて今川軍を破る。今川義元討ち死に ●徳川家康が今川家を離れ独立	桶狭間の戦い

■戦国時代 年表

一五六一	●上杉謙信が小田原へ進軍。北条氏康は守りに徹し、上杉軍は撤退 ●関東進出を盤石とするため、上杉謙信が武田信玄と激突	第四次川中島の戦い
一五六二	●織田信長と徳川家康が同盟を締結	
一五六四	●武田信玄と上杉謙信、川中島にて五度目の布陣。睨み合いで終わる	第五次川中島の戦い
一五六五	●松永久秀、三好三人衆と結託し足利義輝を暗殺	
一五六六	●豊臣秀吉が墨俣に一夜城を築城	
一五六七	●伊達政宗が生まれる ●織田信長が美濃へ進軍。稲葉山城を陥落し、本拠を美濃へ移転。街の名を岐阜と改める ●浅井長政が織田信長の妹・お市と婚姻を結ぶ	稲葉山城の戦い
一五六八	●織田信長が足利義昭を奉じ上洛 ●松永久秀が織田信長に降伏	
一五六九	●足利義昭、征夷大将軍に任命される ●武田信玄と北条氏康の関係が悪化。武田信玄が小田原に進軍するが、北条氏康は堅い守りでこれを退ける	三増峠の戦い
一五七〇	●織田信長が朝倉義景征伐のために越前に進軍するが、浅井長政が織田信長の同盟を破棄。織田信長は挟撃される形となり撤退 ●織田・徳川連合軍と浅井・朝倉連合軍が姉川にて対峙。激戦を繰り広げる ●足利義昭が本願寺顕如を中核とした信長包囲網を形成	金ヶ崎の戦い 姉川の戦い
一五七一	●毛利元就病死 ●織田信長、比叡山延暦寺を焼き討ち	
一五七二	●武田信玄、上洛を決意 ●徳川家康、武田信玄の挑発に乗り出陣。徳川軍、三方ヶ原にて武田軍に散々に打ち負かされる	三方ヶ原の戦い
一五七三	●足利義昭挙兵 ●織田信長が朝倉義景、浅井長政と決着をつけるべく近江へ進軍。朝倉義景を一乗谷にて破り、朝倉義景自害。浅井長政を小谷城に追いつめ、浅井長政自害	一乗谷の戦い

年号	出来事	合戦
一五七四	●織田信長、朝廷の許しを得て香木・蘭奢待を手に入れる ●織田信長、長島一向一揆を鎮圧	
一五七五	●織田信長、武田家制圧のため長篠へ布陣。鉄砲三段重ねの戦略により、武田騎馬隊を打ち破る。この戦いにより、山県昌景、内藤昌豊、馬場信房ら武田家の有能な家臣が多数討ち死に ●長曾我部元親が土佐を平定 ●織田信長、越前一向一揆を鎮圧	長篠の戦い
一五七七	●松永久秀、織田信長に謀反 ●織田信長が越前に進軍。軍を率いる柴田勝家と豊臣秀吉の確執により軍がまとまらず、上杉軍に大敗を喫する ●織田信長、松永久秀が籠る信貴山城を包囲。松永久秀は降伏勧告を一蹴し、城とともに爆死	手取川の戦い 信貴山城の戦い
一五七八	●上杉謙信病死 ●荒木村重、織田信長に謀反。黒田官兵衛が説得に行くが、捕らえられる ●大友宗麟軍と島津義久が高城川原にて激突。戦いに勝利した島津義久は九州南部の支配権を確立	耳川の戦い
一五八〇	●本願寺顕如、織田信長に降伏 ●長曾我部元親が四国を統一	
一五八二	●明智光秀、織田信長に謀反。本能寺にて織田信長、織田信忠自害 ●豊臣秀吉が高松城を落城させる。清水宗治自害 ●豊臣秀吉、急ぎ引き返し、山崎にて明智光秀と激突。戦いの要となる天王山を占拠し、豊臣秀吉が明智光秀に勝利する。明智光秀死去 ●清洲会議にて、豊臣秀吉が織田信長勢力の事実上の後継者となる	本能寺の変 山崎の戦い
一五八三	●豊臣秀吉と柴田勝家が賤ヶ岳にて激突。柴田勝家は敗北し自害	賤ヶ岳の戦い
一五八四	●龍造寺軍が沖田畷に布陣。島津軍と戦うが総大将の龍造寺隆信が討ち死に。島津義久、九州の支配をさらに強める	沖田畷の戦い

■戦国時代 年表

	●徳川家康が長曾我部元親や雑賀衆らと結託し、豊臣秀吉を打倒するべく軍を上げるが、徳川家康は単独で豊臣秀吉と和睦。結果、長曾我部元親らは孤立 ●伊達政宗が伊達家の家督を継ぐ	小牧・長久手の戦い
一五八五	●豊臣秀吉が関白に就任 ●四国征伐。長曾我部元親、豊臣秀吉に降伏 ●伊達政宗と蘆名・佐竹連合軍が人取橋付近で激戦を繰り広げる	人取橋の戦い
一五八六	●徳川家康、豊臣秀吉に服従 ●豊臣秀吉、太政大臣に就任	
一五八七	●九州征伐。島津義久、豊臣秀吉に降伏 ●豊臣秀吉、キリシタン追放令を出す	
一五八八	●豊臣秀吉、刀狩り令を出す	
一五八九	●伊達政宗が蘆名義広を打ち破り、奥州南部の支配権を確立	摺上原の戦い
一五九〇	●伊達政宗、豊臣秀吉に服従 ●小田原包囲網。北条氏直、豊臣秀吉に降伏 ●奥州仕置きを完了し、豊臣秀吉が天下を統一	
一五九一	●豊臣秀吉、朝鮮に軍を向ける ●豊臣秀吉が太閤に就任	文禄の役
一五九七	●豊臣秀吉、再び朝鮮に軍を向ける	慶長の役
一五九八	●豊臣秀吉死去。朝鮮よりすべての軍が撤退	
一六〇〇	●徳川家康と石田三成の関係が悪化。徳川家康の会津征伐を機に石田三成挙兵。東軍、西軍に分かれ、日本中の大名を巻き込む大規模な戦いが勃発。最終的に東軍が勝利し、石田三成は処刑される。これにより、徳川家康が実権を握る	関ヶ原の戦い
一六〇三	●徳川家康が征夷大将軍となり、江戸幕府を開く	
一六一四	●豊臣家に恩ある諸侯や徳川家康に恨みをもつ者たちが結託。豊臣秀頼を旗印にして大坂城に篭城。徳川軍と激戦を繰り広げる	大坂冬の陣
一六一五	●大坂にて再び豊臣秀頼が挙兵するが、徳川家康が大軍にてこれを鎮圧。豊臣秀頼自害	大坂夏の陣

参考文献

『新説　戦乱の日本史1　長篠の戦い』小学館
『新説　戦乱の日本史2　中国大返し』小学館
『新説　戦乱の日本史3　関ヶ原』小学館
『新説　戦乱の日本史4　大坂の陣』小学館
『新説　戦乱の日本史9　川中島の戦い』小学館
『新説　戦乱の日本史10　桶狭間の戦い』小学館
『新説　戦乱の日本史11　三方ヶ原の戦い』小学館
『新説　戦乱の日本史12　姉川の戦い』小学館
『新説　戦乱の日本史14　耳川の戦い』小学館
『新説　戦乱の日本史15　本能寺の変』小学館
『新説　戦乱の日本史16　伊賀忍者 影の戦い』小学館
『Truth In History 5　真田一族　家康が恐れた最強軍団』相川司著　新紀元社
『Truth In History 6　前田慶次　武家文人の謎と生涯』今福匡著　新紀元社
『Truth In History 8　武田信玄　武田三代興亡記』吉田龍司著　新紀元社
『Truth In History 10　上杉謙信　信長も畏怖した戦国最強の義将』相川司著　新紀元社
『Truth In History 11　伊達政宗　野望に彩られた独眼龍の生涯』相川司著　新紀元社
『戦国北条一族』黒田基樹著　新人物往来社
『天下取り採点　戦国武将205人』新人物往来社

『戦国人名事典 コンパクト版』新人物往来社
『別冊歴史読本 戦国武将天下取りデータファイル』新人物往来社
『別冊歴史読本 戦国武将最後の戦い』新人物往来社
『別冊歴史読本 謀将山本勘助と武田軍団』新人物往来社
『人物叢書 前田利家』岩沢愿彦著 日本歴史学会編集 吉川弘文館
『人物叢書 長宗我部元親』山本大著 日本歴史学会編集 吉川弘文館
『勇将の装い Samurai Armor Design 戦国の美意識―甲冑・陣羽織―』長崎巌著 ピエ・ブックス
『真説戦国武将 最強は誰だ？』一水社
『ビッグマンスペシャル改定新版 戦国群雄伝』世界文化社
『大坂の陣名将列伝』永岡慶之助著 学習研究社
『西日本人物誌7 黒田如水』三浦明彦著 西日本人物誌編集委員会 岡田武彦監修 西日本新聞社
『九州戦国の武将たち』吉永正春著 海鳥社
『カラー版 徹底図解戦国時代 一族の存亡を賭け、目指すは天下』榎本秋著 新星出版社
『激突！戦国の大合戦』青山誠著 双葉社
『歴史と旅』（1998年11月号／特集：明智光秀とは何者か） 秋田書店
『戦国名軍師列伝』川口素生著 PHP研究所
『戦国武将 あの人の「その後」』日本博学倶楽部著 PHP研究所
『関ヶ原合戦 あの人の「その後」』日本博学倶楽部著 PHP研究所
『戦国名将列伝 下克上の世を勝ち抜いた100人の強者たち』歴史街道編集部編 PHP研究所
ほか、多数の書籍およびWebサイトを参考としています。

編集……………………………………株式会社レッカ社
斉藤秀夫
安川渓
ライティング…………………………成瀬史弥
野村昌隆
松田剛
永住貴紀
本文イラスト …………………………仙田聡
本文デザイン …………………………和知久仁子
DTP……………………………………Design-Office OURS
プロデュース …………………………越智秀樹（PHP研究所）

本書は、書き下ろし作品です。

編著者紹介

株式会社レッカ社（かぶしきがいしゃ れっかしゃ）

編集プロダクション、1985年設立。ゲーム攻略本を中心にサッカー関連、ファッション系まで幅広く編集制作する。代表作としてレトロバイブル「大百科シリーズ」（宝島社）や、シリーズ計600万部のメガヒット「ケータイ着メロ ドレミBOOK」（双葉社）などがある。『永遠のガンダム語録』（カンゼン）をはじめ、ガンダム関連本も多数編集制作。現在「ジュニアサッカーを応援しよう！」を雑誌、ウェブ、ケータイ公式サイトで展開中。

PHP文庫 「戦国武将」がよくわかる本

2008年8月18日 第1版第1刷
2008年11月18日 第1版第3刷

編著者 株式会社レッカ社
発行者 江口克彦
発行所 PHP研究所
東京本部 〒102-8331 千代田区三番町3番地10
文庫出版部 ☎03-3239-6259（編集）
普及一部 ☎03-3239-6233（販売）
京都本部 〒601-8411 京都市南区西九条北ノ内町11
PHP INTERFACE http://www.php.co.jp/

印刷所
製本所 図書印刷株式会社

ISBN978-4-569-67072-0